Science communication

커뮤니케이션 학자의 세상 읽기

한국 과학커뮤니케이션의 이해

김학수 저

일진사

책 머리에

지금 연구실 창밖으로는 짙은 눈발이 흩날리고 있다. 이제 이곳 뉴욕 주(州)의 시골 마을 이타카(Ithaca)에서 보낸 코넬대학 방문 교수 기간도 거의 끝나가고 있다. 2004년을 멀리에서 보내면서 내 자신의 학문 인생을 되새기게 되는 것은 너무나 자연스러웠다. 어느덧 20여 년의 학문 인생을 훌쩍 넘기면서, 학문적으로 무엇을 기여했는지, 사회적으로 어떻게 봉사했는지, 그리고 가정적으로 어떤 역할을 했는지 반성하지 않을 수 없었다. 석주명이 살다간 『위대한 학문과 짧은 인생』을 떠올리기에는 너무 초라하지만 …….

이 책은 지난 20여 년 세월 내가 '사회적으로' 어떻게 봉사했는가에 대한 하나의 꾸러미이다. 한국 사회는 전 세계 어디보다도 급변하는 사회였고, 그런 만큼 지식인에 대한 사회적 기대 내지 요구 또한 유별날 수밖에 없었다. 그래서 한국 사회 변화의 문제와 논쟁들에 대해 틈틈이 발언하지 않을 수 없었다.

한국의 사회 변화를 이끈 중심축은 무엇보다도 과학기술력이라고 생각한다. 우리가 이만큼 살게 된 것도, 이만큼 자신감을 갖게 된 것도 결국은 국가의 중심축이자 하드웨어격인 과학기술력의 향상 덕분이다. 이러한 과학기술력의 중심축은 앞으로 국가 발전과 사회 변화에 더욱 긴요해지는 방향으로 나아가고 있다. 바로 그렇기 때문에 과학기술과 일반 국민의 거리감 해소는 더욱 절실해지고 있다. 과학커뮤니케이션은 그런 거리감을 좁히는 것과 연관된 다양한 학문적 접근 영역이다.

내가 과학저널리즘을 넘어 과학커뮤니케이션 전(全) 영역을 이 땅에 본격적으로 소개하기 시작한 지도 벌써 20여 년에 가까워지고 있다. 어떤 영역에서든 개척자에게 필요한 것처럼, 나도 과학커뮤니케이션 영역에 대한 중요성과 이해를 전달하기 위해, 학술 논문의 발표 못지 않게 사회적 평론으로 많은 발언을 해야만 했다. 지금 과학커뮤니케이션 영역의 정체성(正體性)이 공공기관, 언론계, 산업계, 연구계, 학계 등에서 어떤 내용으로든 상당히 이해되고 있는 것은 그런 발언들의 덕택이라고 생각한다. 이제 그 토대가 되었던 글들을 묶는다면 새로 오는 세대에게 과학커뮤니케이션 영역의 출발 역사이면서 입문을 위한 안내서 구실을 할 수 있지 않을까 생각했다.

그러나 고백하건대, 세월이 흐르면서 나의 학문적 넓이, 시각, 그리고 무엇보다 깊이가 달라질 수밖에 없고, 그렇기 때문에 평론들의 내용에 일관성이 부족할 수 있다. 뿐만 아니라, 문제의 상황이 바뀌면 다른 해결 방안이 가능해진다는 점도 또한 일관성의 부족을 불러올 수 있다.

그러나 이런 일관성의 부족은 사실 장점이지, 단점이라고 생각하지 않는다. 왜냐하면 크게 보아 우주의 비결정론(indeterminism) 조건에서 일관적일 수 있는 것은 아무 것도 존재하지 않기 때문이다. 어쩌면, 우리 사회가 지나치게 모든 것, 모든 사람에 대해서 지조와 일관성을 강조하고, 상황적이고 창의적인 것을 거부하는 것처럼 보인다. 오히려 지금 나는 세계를 향해서 과학커뮤니케이션에 대한 독자적인 이론적 모델을 선언할 만큼 또 한번의 학문적 변신을 시도하고 있다고 스스로 생각한다. 그러므로 이 책이 나온 다음에 앞으로 쓸 평론들에는 더욱더 큰 변화를 보일 것이 확실하다.

마지막으로 이런 평론의 글 하나하나를 낳는 데도 학문적 길을 인도해 주거나 동행하여 주었던 많은 분들, 그리고 옆에서 아낌없이 지원해 주었던 가족과 친지의 많은 도움이 존재했음을 깨닫지 않을 수 없다. 무엇보다 이제야 어머니와 아내의 헌신적 사랑에 너무 빚지고 산 삶임을 깨닫는 어리석음이 있다. 그 분들에게 이 책을 바치면서 보상하지 못하는 마음을 달래고 싶다.

끝으로 이 책의 자료를 정리해 준 서강대 대학원의 채희상 군, 그리고 출판을 맡아준 죽마고우 도서출판 **일진사** 이정일 사장의 도움에 감사드린다.

이타카 언덕의 케네디홀 연구실에서
저자 씀

차 례

제1부 커뮤니케이션과 과학

1장 과학커뮤니케이션의 소개 / 12
과학커뮤니케이션은 무엇을 할 수 있는가? ············· 12
과학언론학이란? ·· 18
과학저널리즘의 육성·· 26
과학대중화와 언론의 역할 ····································· 30
우주 센터를 '과학 공원'으로 ································· 38
과학저널리즘의 과제와 대안 ································· 41
과학커뮤니케이션의 실패······································· 46

2장 성공적인 과학커뮤니케이션 하기 / 49
기술, 개발문화, 언론의 몫은 무엇인가?····················· 49
과학정책 정치쟁점 삼아야 ···································· 59
연구 조직의 지도력 ·· 62
R & D와 커뮤니케이션 능력··································· 65
이 시대의 과학기술자 ·· 68
기술사회의 리더십··· 71
과학기술인의 정체··· 74
보다 나은 강연을 위한 커뮤니케이션 기법 ··············· 76

제2부 과학문화의 현재와 미래

1장 세계의 과학문화 / 84
선진국들은 어떻게 과학대중화운동을 하는가?············ 84

대만을 배우자····································· 89
유럽의 과학기술 전시문화 ························ 92
'질문하는' 문화풍토가 필요하다(일본의 과학기술 문화)··· 100

2장 한국의 과학문화 / 106

21세기 준비 과기 특별법 ························· 106
광고 속의 과학문화 ····························· 110
이공계 기피는 '낮은 보상' 탓 ···················· 114
이공계 살리기, 무엇이 문제인가 ················· 118
원자력 국민 이해 ······························ 123
원자력 폐기물 처리장 '해법' ····················· 125
과학기술 홍보전시관, 무엇이 문제인가 ············ 128
과학과 '국민 유대감' ···························· 133
대통령의 과학기술 ····························· 136
사이버시대와 서울과학관 ························ 139
최고 통치자의 사고방식 : 과학기술처와 공보처 ····· 142
미래의 한반도 시스템 ··························· 146
에너지 절약 가능한가 ··························· 149
'국가과학기술위(委)' 출범해야 ··················· 152
과학기술처는 국민과 가깝게 있는가? ············· 156

3장 과학문화 운동 / 159

이제 과학은 문화다 ···························· 159
과학문화운동을 펼치자 ·························· 162
과학문화 컨텐츠 및 진흥센터의 방향 ·············· 164
국민소득 2만 달러 만들기 ······················· 169
청소년을 과학으로 이끄는 길 ···················· 172
'국가안전백서' 필요하다 ························ 175
기술혁신운동을 전개하자 ························ 178
과학기술의 대중화 방안 ························· 181
책의 해와 과학 저술 ···························· 187

● 들어가는 글

과학커뮤니케이션은 왜 중요한가

20세기 인류문명이 이룩한 최대의 업적은 뭐니뭐니 해도 과학기술의 발전이다. 그것은 질병의 퇴치에서부터 자동차 및 우주왕복선 기술의 개발에 이르기까지 실로 엄청날 정도로 인류 복지에 기여했다.

반면에 과학기술은 원자탄 및 환경 파괴 물질의 개발과 같은 인류에게 부정적인 영향을 끼치는 것들을 생산하는 데 기여하기도 했다. 이런 과학기술에 대한 긍정적 또는 부정적 활용은 전적으로 인간의 판단 능력과 결정에 달려있다.

그렇다면 우리는 어떻게 현명한 결정을 내릴 수 있을까. 이런 질문은 바로 과학기술에 대한 우리의 적절한 이해가 얼마나 중요한 것인가를 말해주는 것이고, 그런 이해를 위해서 과학기술의 커뮤니케이션이 절대로 필요하다는 것을 또한 말해주는 것이다.

우리의 일상생활에 과학기술이 엄청난 영향력을 끼치고 있는 것은 말할 나위도 없지만, 오늘날 대부분의 공공정책결정 과정에도 과학기술이 깊숙이 개입되어 있다. 예컨대, 성수대교가 무너져 버린 것, 삼풍백화점이 붕괴된 것, 지하철에 물이 범람하고 하천둑이 터진 것 등도 따지고 보면, 그런 공공시설들을 마련하는 데 과학기술을 바르게 활용하지 못했기 때문이다. 다시 말해서 공공시설에 대한 정책결정 단계에서 수준 높은 과학기술 지식이 활용되었더라면 절대로 그런 사고들이 일어나지 않았을 것이다. 이것은 곧 정책결정자들과 그들을 감시하는 일반 국민들이 모두 낮은 과학기술 이해 수준을 갖고 있었다는 것을 의미한다.

따라서 이제 공공정책의 결정 과정에 진정으로 참여하는 민주 시민이 되기 위해서도 과학기술에 대한 최소한의 이해가 반드시 필요하고, 그런 이해를 높이기 위해서 과학커뮤니케이션이 절대적으로 중요하다.

다가오는 21세기에 인류가 더 큰 과학기술의 발전을 이룩할 것이라는 것은 너무나 명확하다. 그것은 곧 우리의 삶의 환경이 알게 모르게 눈부시게 발전하는 과학기술의 세계에 휩싸인다는 것을 의미한다.

따라서 21세기에 교양있는 시민으로 살아남기 위해서는 늘 과학기술의 진보에 깨어 있어야 한다. 그렇게 21세기 시민을 깨어 있게 만드는 데 과학커뮤니케이션의 활성화는 필수적이다.

또한 과학기술의 진보가 어떻게 이루어지고 있는가에 주목할 필요가 있다. 근본적으로 과학기술은 공공자산의 성격을 갖고 있다. 즉, 과학기술의 발전은 특정 개인에게만 혜택을 주기보다 다수 공중의 이익에 기여하는 특성을 갖고 있다. 그런 만큼 과학기술의 발전을 위한 연구는 대부분 국민의 세금으로 이루어지는 경향이 있다. 사실 순수과학에 대한 연구일수록 국민의 세금은 더 많이 투자되고 있다. 따라서 과학 기술인들의 생존은 거의 국민의 후원에 의해서 가능하다. 이것은 곧 과학기술인들의 활동이 국민에게 폭넓게 전해져야 할 당위성을 가리킨다. 이런 점에서도 과학커뮤니케이션의 중요성이 날로 증대되어지고 있다.

여기에 기초하여 1996년 영국 정부는 저명한 물리학자 Arnold Wolfendale을 위원장으로 한 위원회의 연구보고서를 발표했는데, 그것은 곧 전문과학기술인들로 하여금 과학커뮤니케이션의 활동에 직접적으로 참여할 것을 강력하게 권고하고 있었다.

현재 영국 정부가 실질적으로 집행중인 그 권고의 내용은 공공자금을 받아서 연구하고 있는 모든 과학기술 연구자들로 하여금 자신들의 연구결과를 일반 평범한 시민들에게 전달하는 활동들을 벌이도록 하는 것이다.

다시 말해서 전문과학기술인들이 과학커뮤니케이션 활동의 현장에 직접 뛰어들 의무가 있다는 것이다. 그래야 연구결과의 활용도가 높아지고, 과학자들과 일반 시민의 상호 교감속에서 과학기술의 발전에 대한 국민적인 후원이 지속될 수 있다는 것이다.

이제 과학커뮤니케이션의 활동 주체가 전문과학기술인과 일반 시민 사이의 중간 매개체인 과학언론인 집단과 과학교사 집단의 역할을 넘어갔다. 전문과학기술인들이 직접 커뮤니케이션 활동에 참여해야 하고, 일반 시민이 과학기술에 대한 이해에 보다 적극적으로 뛰어들어야 한다. 그것이 바로 21세기가 요구하는 사회의 모습이다.

그렇다면 그들이 참여할 수 있는 과학커뮤니케이션의 활동 마당도 또한 넓혀주어야 한다. 과학축전, 과학관, 과학언론, 과학홍보의 활성화는 바로 그런 과학커뮤니케이션의 활동 마당을 넓혀주는 통로들이다. 지금까지 우리가 그런 마당 넓히기에 얼마나 소홀해왔는가를 생각하면, 우리의 과학커뮤니케이션 활동이 어느 수준에 와 있는가를 금방 깨달을 수 있다.

과학커뮤니케이션의 활성화 없이는 과학기술의 이해 수준에 대한 전문과학기술인들과 일반 국민 사이의 갭을 줄일 길이 없다. 그것은 결과적으로 나라의 모든 공공정책 결정 과정을 비과학적인 상태로 지속시키며, 21세기 국가 발전을 원천적으로 저해하고, 나아가 인류 복지의 진보에 동참하지 못하게 하며, 종국적으로 전 국민을 21세기 자질을 갖추지 못한 시민으로 만들 것이다. 그런 측면에서 과학커뮤니케이션의 활동 마당을 대폭적으로 확대하고 전문과학기술인들로 하여금 과학커뮤니케이션 활동에 직접 뛰어들게 만드는 방안들을 우선적으로 찾아나서야 한다.

제1부

커뮤니케이션과 과학

1장 과학커뮤니케이션의 소개

과학커뮤니케이션은 무엇을 할 수 있는가?

오늘 나는 '과학커뮤니케이션'으로 한국 사회의 주요 문제들을 해결할 수 있다는 선언을 하는 것으로 이 기조연설을 시작하려고 한다. 그리고 그것의 구체적인 사례로 소위 '위도 사태'의 해결 방안을 제시하려고 한다.

한반도는 다양한 문제들이 가장 격렬하게 소용돌이치는 지역 중 하나이다. 북한 핵무장 위협은 언제나 세계의 이목을 집중시키는 문제 중 하나이고, 방사성 폐기물 처리장 후보지 선정으로 야기된 위도 사태는 가장 심각한 국내 문제 중 하나이다. 심지어 대통령 재신임까지 불러온 정치권의 불안정과 긴 장마로 생긴 농산물 피해, 그리고 태풍 '매미'가 남기고 간 재난을 포함하여 다양한 문제들이 우리를 에워싸고 있다.

그런데, 많은 문제들이 그 문제에 직접적으로 연관되어 있는 사람들 스스로 해결하기 힘든 것들이다. 그래서 다른 사람의 지혜를 빌리기도 하고, 집단적인 자원과 노력을 통하여 문제를 해결하기도 한다. 물론 때로는 현재의 상태로서는 해결하기 불가능한 문제도 존재한다. 그렇다면 위도 사태는 어떻게 해결할 수 있을 것인가?

위도 사태는 한국 사회의 구성원들이 문제에 접근하고 풀어가는 문화 양식을 총체적으로 나타내고 있다. 우선 어떤 문제에 대한 소수의 해결 방안들이 만들어지고 최종 결정이 이루어질 때까지 지혜를 모으는 노력이나 절차가 간과되는 것이 보통이다. 그리고 최종 결정이 알려지고 나서야 비로소 구성원들은 관심을 갖고 이해타산을 따지기 시작한다. 그런 뒤 결정에 반대하는 집단은 급속하게 힘을 모으기 시작하며, 격렬하게 물리적 투쟁을 시작한다. 위도 사태도 이와 같은 전철을 밟고 있다고 여겨진다.

이런 과정에서 본래의 '의제(議題, agenda)'는 사라지고 의제 수립 '수단(手段)'이 주요 의제가 되는 상황이 발생한다. 즉, 위도가 방사성 폐기물 처리장으로 적합한지와 안전한 처리장이 건설될 수 있는지에 대한 의제는 사라지고, 해상 시위, 고속도로 시위, 부안군수 폭행, 청소년 등교 거부 등의 의제 수립 수단이 오히려 의제가 되는 상황이 벌어지고 있다. 이런 의제의 주·종간 뒤바뀜은 문제의 해결에서 점점 멀어지는 상황을 만들어내고 있다.

이런 의제의 역전은 언론의 의제 선정 방식에 의해 더욱 가속화되는 경향이 있다. 즉, 언론은 장장 눈앞에 벌어진 치열한 갈등만이 뉴스의 먹잇감으로 삼는 속성 때문에 가시권에 들어오지 않는 방사성 폐기물 처리장의 적절성이나 안전성은 차선의 뉴스거리로 밀려날 수밖에 없다. 갈등과 불안을 팔아먹고 생존하는 기업인 언론이 경찰 순찰차에 불을 지르고, 고속도로를 점거하고, 피투성이의 대결에 초점을 맞추는 것은 너무나 자연스런 기업 생리이다.

만약, 언론에게 우리가 '공익(共益)'을 위해서 정작 중요한 의제가 무엇인지에 초점을 맞춰 달라고 요구한다면, 세계에서 가장 치열한 매체 간의 경쟁이 존재하는 우리의 환경에서 그냥 죽으라고 하는 소리와 마찬가지로 받아들여질 것이다.

이런 격렬한 갈등에는 반드시 정치적, 경제적, 시민 사회적, 심지어 종교적 단체의 이해관계가 깊숙하게 동원되는 것도 우리 식의 투쟁 방식이다. 내년 국회의원 선거를 대비한 정치적 후보들간의 경쟁이 위도 사태에 개입되어 있지 않다고 보기 어려우며, 위도에서 페리로 최소한 50분 이상 걸릴 정도로 멀리 떨어져 있는 지역까지 경제적 혜택을 얻기 위한 각종 이권단체의 욕구가 발동되지 않았다고 보기 어렵다. 시민단체는 사안의 본질을 규명하기보다 단체의 존립 목표를 위한 명분에 더 깊숙하게 개입하는지도 모르며, 심지어 지역민의 신심(神心)에 기대고 있는 종교기관도 종교적 가치의 경쟁보다 종교기관 자체간의 경쟁에 더 매달려 있는지도 모른다.

이렇듯, 위도 사태는 정치적, 경제적, 시민 사회적, 그리고 종교적 단체들의 이해관계들이 뒤섞여 서로 경쟁하고 있는 형국이다.

그렇다면 이제 위도 사태의 해결을 위해 그 본래의 의제를 다시 바로 세울 필요가 있음을 알 수 있다. '방사성 폐기물 처리장'은 두 개의 문제를 안고 있다. 첫째는 위험한 것으로 여겨지는 방사성 폐기물의 문제이고, 둘째는 처리장의 문제이다.

지금 위도 사태는 둘째의 것이 문제의 핵심이라고 여겨진다. 왜냐하면 방사성 폐기물은 피할 수 없는 것이고, 만약 그것을 문제 삼는다면 원자력 이용 전반을 문제 삼는 것이기 때문이다. 그리고 방사성 폐기물의 문제 삼기는 곧바로 '에너지 부족' 내지 '보건 의학적 질병 치료 포기'라는 더 큰 문제를 불러오기 마련이다. 그러나 원자력을 이용한 전력 생산과 질병 치료를 중단하여, 방사성 폐기물 자체를 없애자는 주장은 국민적 공감을 얻기 매우 어렵다고 보여진다. 그런 측면에서 둘째의 폐기물 처리장의 문제가 핵심일 수밖에 없다.

처리장의 문제는 보다 구체적으로 말해서 처리장 선정의 적절성과 안전성에 대한 것이다. 선정 지역의 지질학적 안전성이 곧 적절성을 가리키기 때문에 건설될 처리장의 안전성까지 포함한다면, 결국 키워드는 안전성(安全性)이다. 이 안전성 여부가 위도 사태의 주요 문제인 이상, 그것이 주요 의제로 등장해야 하건만, 앞에서 강조한 것처럼 의제 수립의 '수단'이 그것을 대체한 상태이다. 이런 의제 전도가 어떻게 일어났는가? 그것은 한 마디로 과학커뮤니케이션의 부재 탓이라는 것이 내가 여기에서 주장하려는 것이다.

우리는 위도 사태의 합리적 해결을 위해서는 그 안전성 문제를 만인이 주목하는 의제로 발전시키고, 그 주된 의제를 끝까지 끌고 나가야 했다. 그래야 의제에 대한 명확한 규명과 최선의 해결 방안을 모색할 수 있는 길이 열린다.

그렇다면 그 의제를 만들고 유지하는데 실패한 '사회적 책임'은 누구에게 있는가. 나는 단연코 과학기술자 집단이라고 말하고 싶다. 왜냐하면 그들은 정치단체, 경제단체, 시민단체, 종교단체에게 의제 선점을 넘겨주었기 때문이다.

다시 말해서 과학기술자 집단에 의한 과학커뮤니케이션의 부재가 초래한 현실이 바로 지금 위도 사태라고 감히 말하고 싶다. 혹시 언론에 책임을 돌리는 과학기술자가 있다면, 의식적이든 아니든 그것은 더욱더 과학커뮤니케이션의 부재를 남의 탓으로 돌리는 것에 불과하다.

거듭 과학기술자 집단의 사회적 책임에 대한 가장 극명한 실패 사례가 현재의 위도 사태라고 말하려는 것이 본인의 의도이다. 위도는 정말 안전한 지역인가 그리고 폐기물은 안전하게 보관될 수 있는가 등에 대한 문제를 집요하게 제기했어야 했다. 그것이 만인(萬人)의 의제로 등장하기까지는 과학 기술 지식을 일반 국민에게 그대로 전파시키기 위한 노력을 오히려 지연시켜야 했다. 왜냐하면 심각하게 주목하지 않은 상황에서 어느 누구도 그런 지식을 쉽게 용해하지 못하기 때문이다. 그런 측면에서 과학기술 지식을 그대로 전달하는데 실패하는 것은 일반 국민의 과학기술에 대한 무식함 때문이 아니라 과학기술자의 일반 국민에 대한 무식함 때문이다(The Public Understanding Science vs. The Scientist's Understanding of Public).

만인의 의제를 만들고, 그것을 유지시키기 위해서는 과학기술자 집단의 집요한, 끈질긴, 그리고 용기 있는 집단적 노력이 또한 필요하다. 그래야 의제 선점에서 정치적, 경제적, 시민 사회적, 그리고 종교적 단체의 '숙련된' 의제 만들기에 밀리지 않기 때문이다. 그런 점에서 과학기술자 집단은 낮은 곳(일반 국민)을 향한 것보다 높은 곳(권력, 자원)을 향한 집단적 노력에 더 익숙해온 것도 과학커뮤니케이션의 중요성을 깨닫지 못하는 주된 이유이다. 이런 사회적 책임의 몰각이 과학기술의 권위를 떨어뜨리고, 국력의 손실을 가져오는데 얼마나 크게 기여하는가는 말할 나위도 없다.

지금 드러난 것처럼, 과학커뮤니케이션은 과학기술자가 과학기술 지식을 전파하는 것이 아니다. 과학커뮤니케이션은 과학기술자가 비(非)과학기술자의 세계를 이해하고, 그 코드에 맞추어 커뮤니케이션하는 것이다. 그것이 과학기술자의 '사회적 책임'이다. 그러기 위해서 과학기술자는 자신들만의 문제보다 만인이 공감하는 의제에 먼저 편승할 줄 알아야 한다. 그런 편승이 이루어졌을 때 비로소 일반 국민은 과학기술 지식을 전수 받을 준비가 갖추어진다. 과학기술 국민 이해(PUS)가 이루어지는 것도 이런 상황에서 가능하다. 그러므로 과학기술 국민 이해는 자연과학

(자)의 과제가 아니라 사회과학(자)의 과제라고 말하는 편이 옳다.

　이제 결론은 명백하다. 과학기술자의 사회적 책임을 다하는 길은 과학커뮤니케이션의 이론적 이해와 실천적 기술을 숙지하는 데 있다. 그래야 언론은 방사성 폐기물 처리장과 같은 과학 기술적 문제를 비로소 만인이 공감하는 의제로 이끌어갈 것이며, 사회문제의 합리적 해결을 향한 지향점을 뉴스화시킬 수 있을 것이다. 그렇지 않고, 과학기술자 집단이 늘 불평하는 대상인 비과학기술자 집단과 언론에 책임을 전가하는 것은 과학기술계에 대한 국민의 지원을 배반하는 일이다. 그리고 많은 사람이 우려하는 과학기술(자)의 윤리적 책임도 또한 그런 과학커뮤니케이션의 과정에서 용해될 수 있다.

　지금도 위도 사태 해결은 공권력에 의해서가 아니라 과학기술자 집단의 과학커뮤니케이션에 의해 얼마든지 가능하다는 것이 나의 생각이다. 과학기술단체총연합회, 그 산하 개별 과학단체, 과학기술한림원, 공학한림원, 국가 기구인 국가과학기술위원회, 과학기술자문회의 등 온갖 과학기술자 집단들이 많이 존재하고 있다. 비과학기술자의 세계에 코드를 맞춘 그들의 집단적, 끈질긴, 그리고 용기 있는 과학커뮤니케이션이 너무나 절실한 상황이다. 지금 불가능하다면 장래의 합리적 사회를 위한 그들의 과학커뮤니케이션 훈련과 인력 양성이 너무나 필요하다는 판단이다. 이런 노력이 수반될 때, 과학기술의 사회적 기여(문제 해결력)가 빛을 발하고 과학기술자의 자존과 권위가 살아날 수 있을 것이다.

[PR 전문지 《밀레니엄》 제25호, 2003. 11]

과학언론학이란

1. 과학언론학의 범위

과학언론학은 주로 과학저널리즘(science journalism)과 연관된 분야에 대한 연구를 의미한다. 이것은 곧 대중 매체가 과학기술 분야의 다양한 활동 분야에 대한 보도를 수행하고, 그것이 언론 수용자에게 어떤 영향을 미치는가를 연구하는 분야이다.

예컨대, 신문이나 방송이 과학기술 관련 보도를 수행하는 데 어떤 어려움이 존재하는가 그리고 그런 보도가 왜 필요한지, 또는 어떤 능력을 가진 사람이 과학언론인의 자질에 필수조건인가 등을 연구한다. 아울러 과학기술 관련 언론 보도가 일반 국민의 과학기술에 대한 이해를 높이는 데 어떤 기여를 하는지 또는 과학기술에 대한 국민의 인식을 왜곡시키는 것은 없는지 등을 연구한다.

과학언론학이 20세기 후반부터 크게 주목받기 시작한 것은 시대적 상황과 무관하지 않다. 다시 말해서 과학기술의 혁명적 변화, 예컨대 새로운 발견이나 기술개발이 시시각각으로 일어나고 있는 현실 속에서 이제 과학기술이 인류의 일상생활 속에 깊숙이 스며들게 되었다. 그리고 그런 변화들에 일반 국민들이 따라가지 못하면 엄청난 문화적 소외감에 젖게 된다. 바로 이런 현상들의 핵심에 과학언론 활동이 자리잡고 있다.

만약 과학기술에 대한 언론 활동이 잘 이루어지지 않는다면 과학기술에 종사하는 전문가 집단과 일반 국민 사이에 지적·문화적 괴리감이 넓어지고, 그것은 궁극적으로 과학기술의 발전 및 일반 문화의 발전에 높은 장애를 가져올 가능성이 크다. 그리고 그런 가능성은 과학기술의 혁명적 변화가 일어날 21세기에 더욱 가속화될 수 있다.

따라서 과학언론 활동은 이런 21세기 과제의 핵심에 놓여있기 때문에 그것을 연구하는 과학언론학이 주목받게 되었다.

과학언론 활동의 대폭적인 증대가 과학언론학의 연구 및 교육의 필요성을 그대로 반영하고 있다. 우리가 쉽게 접하는 미국의 주간신문 타임(Time)지에서 소위 커버스토리(cover story)로 과학기술 관련 내용들이 얼마나 자주 다루어지고 있는가를 보면, 선진국에서 과학기술이 언론보도에서 차지하는 비중을 쉽게 간파할 수 있다.

우리나라의 경우, 아직도 정치가 모든 국정 현안의 핵심이 되고 있지만, 앞으로 정치 발전이 이루어지고 나면 경제 분야와 그것을 지탱시켜주는 과학기술이 언론 수용자의 주 관심 대상으로 떠오를 것이다. 그러므로 머지않아 우리도 과학기술 관련 보도가 언론 활동의 핵심 분야로 등장할 것이고, 지금 벌써 새로운 기술개발들에 대한 뉴스가 크게 주목받는 것처럼 그런 경향이 두드러지게 나타나기 시작하고 있다.

지금까지 과학언론학을 주로 과학보도론(science reporting)과 연관된 관점에서 설명했지만, 넓게 보면 그런 언론 활동은 매우 부분적인 것에 불과하다. 반면에 과학커뮤니케이션학(science communication)은 과학저널리즘의 영역을 넘어 과학기술과 연관된 다양한 커뮤니케이션이 어떻게 존재하고 그리고 왜 중요한지를 다루는 보다 광범위한 학문 분야이다.

2. 과학커뮤니케이션학(學)의 영역

과학커뮤니케이션을 수행하는 주체별로 연구 영역들을 나누어 설명하는 것이 가장 쉬운 이해를 가져올 것이다. 일반적으로 과학커뮤니케이션은 과학기술전문인집단, 과학기술홍보전문인집단, 과학기술언론인집단, 그리고 일반국민집단 등 네 개의 주체들 사이에 일어나는 커뮤니케이션 활동이라고 볼 수 있다. 따라서 그 주체들 중심으로 과학커뮤니케이션의 활동과 중요성을 살펴보는 것이 곧 과학커뮤니케이션학의 핵심이 무엇인가를 아는 지름길이다.

첫째로 과학기술 전문인들이 벌이는 커뮤니케이션은 그들 사이는 물론, 과학기술 홍보전문인, 언론인, 그리고 일반인들과 직접적으로 일어날 수 있다. 그러나 만약 과학기술 전문인들이 일반적으로 과학기술 관련 연구기관에서 새로운 지식과 기술을 생산하는 활동에 종사하고 있고 그리고 그 연구기관이 매우 합리적으로 자신의 활동들을 대외적으로 알리는 공식 홍보 조직을 갖고 있다면, 가장 정상적인 커뮤니케이션이 과학기술전문인들과 홍보전문인들 사이에 일어날 것이다. 이 단계의 활동이 활성화되지 못하면 연구기관과 전문연구자들은 생존하기 힘들다. 즉, 과학기술전문인들이 적극적으로 자신의 업적을 대외적으로 알리지 않는 한, 자신의 존재와 연구기관의 존재가 생존에서 살아남을 수 없다. 그러므로 과학기술전문가들이 동료들 사이에서 수행하는 과학기술 전문커뮤니케이션(specialized communication)과 그 내용을 대외적으로 홍보하기 위해 활동하는 홍보전문가들과 수행하는 홍보커뮤니케이션

(promotional communication)의 차이를 연구하는 것은 과학커뮤니케이션학의 주요 연구 대상이 될 수 있다.

둘째로 과학기술홍보전문가들은 과학기술 언론인들의 주요 취재 대상이 되기 때문에 그들 두 집단 사이의 커뮤니케이션이 중요하게 된다. 특히 과학기술의 전문적 활동이 너무나 세분화 내지 심화되어가고 있다고 생각할 때 과학언론인이 직접 과학기술 전문인들을 취재하여 뉴스를 만들기는 어렵다. 따라서 연구기관의 홍보전문가가 중계 역할을 수행하여 좋은 뉴스거리를 언론인에게 제공하여 연구기관의 업적을 널리 알리게 되는 계기를 마련하고, 언론인은 반면에 그런 뉴스를 발굴하여 과학기술의 사회적인 가치를 전달하게 된다. 그런데 과학기술 홍보전문인은 비단 언론인만 다루는 것이 아니라 다양한 다른 계층들을 모두 다룬다. 예컨대, 과학기술 전문인들이 자신의 연구 계획을 어떤 연구지원기관, 예를 들어 일반 산업기관의 중역진에게 설명할 경우, 그것에 필요한 커뮤니케이션에 대해서 홍보전문가가 지도해주는 것에서부터 일반인들을 향한 대외활동까지 과학기술 홍보전문인의 커뮤니케이션 활동 범위는 엄청나게 크다고 볼 수 있다.

셋째로 과학언론인의 과학보도 활동은 위에서 이미 언급된 바 있다. 과학기술 언론인들이 가장 크게 직면하고 있는 문제점은 과학보도의 정확성을 기하는 일이다. 너무나 전문화되어 있고, 매우 치밀하게 구성되어 있는 취재 대상의 특성 때문에 보도의 정확성을 지키기가 무척 어렵다. 특히 과학기술 전문인들을 언론 수용자로 하는 과학기술 전문언론지, 예컨대, 사이언스(Science)나 네이처(Nature) 등이 아닌 한, 과학기술의 전문적인 내용을 일반인이 이해하기 쉬운 내용으로 전환하는 데 따르는 어려움이 많다. 그러므로 정확성은 과학보도론 연구의 핵심적인 개념이다.

넷째로 과학 언론을 접하는 일반 국민의 언론 접근과 과학기술에 대한 이해 효과가 마지막으로 과학커뮤니케이션학의 주요 연구 대상이 된다. 예를 들어, 일반 국민이 과학기술 뉴스에 얼마나 잘 노출되느냐 또는 과학대중화(science popularization) 내지 과학기술 국민 이해(public understanding of science and technology)가 얼마나 잘 이루어져 있느냐를 연구하는 것은 바로 이 분야에 해당된다. 사실 과학커뮤니케이션의 궁극적 목표는 수용자의 정확한 과학기술 이해라고 볼 수 있다. 그 이해가 과학기술에 대한 긍정적 태도까지 지향할 수 있지만, 그런 가치 판단은 나중 문제이고 과학기술의 내용을 정확하게 공유하는 것이 급선무이다. 그런 이해가 이루어질 때 과학기술 전문인들과 일반인들과의 문화적 거리가 좁혀지고, 바람직한 방향으로 양쪽의 발전이 전개될 수 있다.

이상, 과학커뮤니케이션이 이루어지는 과정에 따라 어떤 커뮤니케이션 주체들이 존재하고, 그들 사이에 어떤 커뮤니케이션 활동에 대한 연구가 중심으로 떠오르는가를 검토하였다. 따라서 과학언론학이 넓게는 과학커뮤니케이션학으로 확대되고, 단순히 과학보도론에 초점을 두고 있는 것이 아니라 다양한 커뮤니케이션 활동을 포괄하고 있는 것을 볼 수 있다. 그렇다면 이제 과학커뮤니케이션학을 전공하면 실제 현실 세계에서 어떤 일을 할 수 있는가를 검토해보기로 하자.

3. 과학커뮤니케이션 전공의 진출 영역

대학에서 각 전공 학문의 훈련을 마친 뒤 나아가는 진출 영역은 크게 보아 두 가지이다. 하나는 전문적인 학술 연구를 하는 학자로 나아가기 위해 대학원에 진학하는 것이고, 다른 하나는 대학을 졸업한 후 현실 세계로 뛰어들어, 소위 취업을 통하여 액션을 수행하는 일이다. 전자를 위해서는 과학커뮤니케이션을 전문적으로 가르치고 연구하는 연구자(불행히도 한국에서는 필자가 거의 유일)가 존재하는 곳으로 대학원에 진학하는 것이다. 사실 미국에서는 이제 거의 모든 주요 대학의 언론학과에서 과학커뮤니케이션이 주요 연구 및 교육 과목으로 채택되어 있다. 이것은 한편으로 그 만큼 이 분야의 훈련을 받은 학생들에 대한 사회적 취업문이 확대되고 있다는 것을 의미한다.

대학 졸업 후 취업 분야로 나아갈 수 있는 곳들은 위에서 본 과학커뮤니케이션의 주체들 분류에서 쉽게 파악할 수 있다.

첫째로 가장 많이 진출하는 분야는 아무래도 과학언론인이다. 즉, 신문과 방송에서 과학기술 관련 뉴스 보도를 하는 언론인 및 텔레비전의 경우 과학기술 관련 특집프로그램을 만드는 연출자로 진출하는 경우이다. 이런 과학언론인 취업은 우리나라의 경우 일반적으로 과학기술을 대학의 학부에서 전공하고, 언론학 훈련을 동시에 받은 사람들을 선호하는 경향이 있다. 반면에 미국에서는 과학기술의 학부 전공과는 무관하게 언론학 훈련을 잘 받은 사람을 선호한다. 미국은 일반 국민을 상대로 하는 일반과학 언론계의 경우, 오히려 과학기술 전공을 안한 언론인이 훨씬 성실하고 편견없이 그리고 매우 쉽게 취재보도를 하기 때문에 언론 수용자에게 더 효과적인 전달자가 된다는 관점을 갖고 있다. 그런 반면에 우리나라의 경우에는 취재보도 과정의 전문성보다는 취재 대상(즉 과학기술)에 대한 전문성을 더 강조하기 때문에 과학기술을 전공한 사람들을 선호하는 경향이 있다. 이런 경향은 신문의 경우 더욱 뚜렷하고, 방송의 경우는 그런 전공여부를 따지지 않는다.

둘째로 과학커뮤니케이션학을 전공한 사람들이 가장 많이 진출할 수 있는 분야는 날로만 늘어가고 있는 연구기관(대학, 공공연구기관, 기업 연구소 등)의 홍보전문가이다. 이제 어떤 과학기술 전문가도 스스로의 활동과 연구 업적을 홍보하지 않고는 존재 가치를 인정받을 수 없고, 다음 연구에 대한 지원도 받을 수 없으며, 무엇보다 자신의 연구 업적이 실용화 내지 상업화되는 길을 확보할 수 없다.

따라서 연구기관의 성패가 홍보 활동에 달려있다고 볼 수 있다. 그렇기 때문에 선진국에서는 모든 연구기관에서 과학홍보전문가를 반드시 채용하고, 그들에 대한 대우를 특별하게 해주고 있다.

벤처기업의 성공은 크게 세 가지, 즉 좋은 기술, 훌륭한 마케팅, 그리고 풍부한 자금 지원에 달려있다. 그 중에서 훌륭한 마케팅은 풍부한 자금 지원을 획득하는 지름길이다. 그 마케팅의 핵심이 과학기술홍보활동이다. 좋은 기술을 개발한 과학기술전문가가 기술의 가치를 대외적으로 잘 홍보해야만 제 값을 받을 수 있고, 나아가 기술 가치에 대한 평가를 통하여 일반 투자자들이 자금을 투자하기 시작하는 법이다.

따라서 벤처기업을 생각하는 사람이야말로 훌륭한 과학기술 홍보 전문가의 도움을 받지 않고는 결코 성공할 수 없다. 현재 미국에서 언론학을 전공한 사람들 가운데 벤처기업의 홍보전문가로 활동하는 사람들의 연봉은 하늘 높은 줄 모르고 올라가고 있다. 예컨대, 벤처기업의 홍보전문가로 일한 경력이 3~4년만 되어도 당장 연봉 수십만 달러로 스카웃되는 열풍에 휩쌓여 있다. 우리나라도 머지않아 이런 사람들의 수요가 급격하게 증가할 것이라고 믿어진다.

그 외에도 과학관이나 과학박물관에서 일반 방문객들을 상대로 커뮤니케이션을 담당하는 사람, 과학축전 및 과학기술전시회 등에서 일반대중을 상대로 과학과 재미를 혼합시키는 과학기술이벤트 전문가들, 그리고 광고 문구에 과학기술 정보를 삽입하는 경향(㉠ 자동차, 전자제품 등)이 날로 늘어가는 추세에서 더욱 필요로 하게 되는 과학기술 광고전문가 등이 과학커뮤니케이션을 전공하는 사람들의 진출 분야이다.

이상, 과학언론학, 과학커뮤니케이션학, 그리고 과학커뮤니케이션을 전공했을 경우 나아갈 수 있는 현실적 진출 분야를 간략하게 소개하였다. 따라서 학문적으로 또는 이론적으로 과학언론학 내지 과학커뮤니케이션학이 어떤 내용으로 구성되어 있는가를 논의하기보다 연구대상으로 삼고 있는 현상들을 분류하여 일반 학생들에게 도움이 될 수 있는 방향으로 서술하려고 노력하였다. 참고로 과학언론학 내지 과학커뮤니케이션학의 다양한 분야들을 알고 싶으면 다음 문헌들을 참고할 때 한층 자세한 내용을 접할 수 있을 것이다.

[연세대 이과대학 학보 《이학》 제38호, 1999. 겨울]

〈참고문헌〉
- 김학수(저), 『한국과학기술의 대중화정책 연구』 (일진사, 1993)
- 김학수(논문), 「공공과학과 과학커뮤니케이션 과정 연구」, 한국언론학보 제43-4호 (1999년 여름호), 79~110쪽
- 김학수 외(공저), 『과학문화의 이해』 (일진사, 2000)

1장 과학커뮤니케이션의 소개

과학 저널리즘의 육성

과학기술이 일반 국민에게 가까이 가는 길은 대중매체를 이용하는 수밖에 없다. 그런데 문제는 과학기술의 고유 영역과 사회적 역할이 대중매체의 그것들과 매우 다르다는 점이다. 따라서 그들이 서로 만날 수 있는 접점을 마련하는 데 매우 큰 어려움이 있고, 그런 까닭으로 과학기술이 대중매체의 관심 영역에서 소외되고 있는 것이 사실이다.

과학저널리즘을 학문적 분야로서 이야기하면 과학기술과 대중매체의 양(兩) 영역들 사이의 차이를 극복하고 서로 만날 수 있는 접점을 마련해주는 방안에 대한 탐구라고 할 수 있다. 반면에 실천적 분야로서 말하면, 그 양 영역들 사이의 접점을 이용하여 과학기술이 대중매체의 뉴스거리로 등장하는 과정이라 하겠다.

그런데, 이런 실천이 용이하게 일어나기 위해서는 과학저널리즘에 관한 학문적 노력을 통하여 얻어진 이론을 잘 활용하는 것이 필요하고, 아울러 그런 활용을 효과적으로 훈련시키는 교육 프로그램이 또한 필요하다고 하겠다.

　지금까지 우리의 경우, 미국, 독일, 네덜란드 등과 같은 선진국과 달리, 우선 과학저널리즘에 관한 '과학적' 연구가 매우 일천(日淺)하고, 그런 만큼 그것을 실천하는 교육 프로그램 또한 매우 적은 것이 현실이다. 따라서 우리의 경우 연구와 교육이 동시에 매우 필요한 상황에 있다. 그렇다면, 대부분의 학문적 발전이 그렇게 이루어지는 것처럼, 초기에 연구는 선진국의 연구 업적들에 의존한다 하더라도 교육 프로그램은 보다 많이 확장할 수 있을 것이다.

　그런데, 교육 프로그램의 경우에도 따지고 보면 학생들의 강력한 수요, 나아가 일반사회의 수요가 있을 때보다 가능할 것이다. 사실, 국내에서 유일하게 '전임교수로서' 필자가 대학 학부에서 정기적으로 과학저널리즘(과학커뮤니케이션)을 개설하고 있는 것이 현실인데, 그것도 한번도 폐강된 적이 없이 이끌고 있는 것은 어떤 의미에서 수요를 스스로 창출하기 때문이다. 솔직하게 말해서, 단순히 과학언론인만을 양성하겠다는 목표아래 과학저널리즘 교육을 실시한다면, 과학언론인을 필요로 하는 국내의 언론 시장이 매우 협소한 상황에서 과학저널리즘 교육의 가치를 찾기 쉽지 않다. 그런 의미에서 과학저널리즘의 교육 목표에 대한 정확한 이해가 필요하다.

　과학저널리즘 교육에서 가장 중요시하는 것은 과학기술의 연구과정, 연구결과, 정책, 그리고 사회적 영향 등에 관한 기사작성(newswriting) 훈련이다. 흔히 선진국의 과학저널리즘 프로그램이 「기사작성 I, II, III」, 또는 「일반기사작성」, 「기획기사작성」, 「잡지기사작성」 등으로 세분된 가운데, 이들을 모두 학부에서 거의 필수로 훈련시키는 것은 그 만큼 기사작성 교육의 중요성을 가리킨다.

　이런 훈련의 과정에서 학생들은 단순히 글쓰기 방법뿐만 아니라 뉴스거리 찾기, 인터뷰 방법, 뉴스가치 발견하기, 뉴스가치 돋보이기, 수용자 심리 등에 관한 전반적인 지식을 체득하는 것이다. 그들은 이런 고도의 훈련을 통해 비단 과학기술(자)에 대한 지식과 문제뿐만 아니라 인간과 인간, 인간과 사회 조직의 교류에 개재되는 제반 조건들까지 숙지하게 된다.

한마디로 과학저널리즘 교육은 비단 과학언론인뿐만 아니라 과학자, 과학홍보인, 과학큐레이터, 연구관리자, 정책담당자 등 모두에게 절실하게 필요한 '기초교육'이라 할 수 있다. 예를 들어, 과학자가 성공하는 데 자신의 연구 결과 중 사회적으로 어떤 가치가 있는가를 찾아내고, 그것을 돋보이게 하며, 나아가 비전문적인 언어(nontechnical language)로 연구 후원자 및 타인에게 인상적으로 설명할 수 있을 때 보다 효과적이다. 이것이 곧 과학저널리즘 교육을 통해서 받을 수 있는 훈련이다. 필자가 학부 학생들에게 이런 훈련의 중요성을 강조할 때 많은 이공대 학생들도 공감하고, 실제로 강의 후 평가에서 가장 많이 배웠다며 감사해 하는 것을 발견할 수 있었다.

다음으로 과학저널리즘 교육이 보다 전문화되기 위해서는 선진국처럼 분야별 훈련이 필요하다고 볼 수 있다. 예를 들어, 보건저널리즘, 환경저널리즘, 재난저널리즘 등이 필요하다. 지금 우리의 경우, 보건 관련 소식에 대한 일반 국민의 수요가 급격하게 증가하고 있다. 그러나 보건 및 건강 관련 저널리즘은 즉각적으로 국민에게 영향을 끼칠 가능성이 높기 때문에 고도의 전문적 접근을 필요로 한다. 예컨대, 병원, 제약회사, 또는 보건 관련 조직의 일방적인 상업 전술에 보건저널리즘이 이용당할 수가 있다.

그러나 무엇보다 이런 과학저널리즘 교육을 보다 '과학적으로' 실시하기 위해서는 마찬가지로 연구와 실천을 겸비한 '과학저널리즘 전문

교육자'를 양성하는 것이 필요하다. 소위 과학저널리즘 교수 요원을 양성하는 것이 필요하다고 하겠다. 이것은 과학저널리즘에 대한 전문 연구와 교육 훈련을 갖춘 인재를 요구하는데, 대학원 과정은 바로 그런 교수 요원을 양성하는 프로그램이다.

따라서 우리의 경우에도 과학저널리즘 관련 대학원 전문과정을 개설하고, 그것을 통해 교수 요원을 양성할 때, 맨 처음 언급한 미국, 독일, 네덜란드 등의 나라들처럼, 전국의 많은 언론학과에서 과학저널리즘 교육을 실시할 수 있을 것이다.

다시 한번 과학저널리즘 교육은 과학기술 관련 영역의 어떤 분야 종사자에게도 가장 절실하게 필요한 '기초교육'이라는 점을 명심할 필요가 있다.

만약, 우리나라에서 과학기술(자)과 일반 국민이 너무 멀리 떨어져 있는 것으로 간주된다면, 그 주된 이유가 과학기술 관련 종사자들의 과학저널리즘 교육 훈련의 부재 때문인지도 모른다. 왜냐하면 그들은 후원자나 일반 국민을 향해 자신의 가치를 돋보이게 하는 방법을 몰랐고, 그 결과 노력도 할 수 없었기 때문이다.

결론적으로, 과학저널리즘의 기초교육을 통해 과학기술자의 경쟁력, 과학기술의 사회적 가치 증대, 나아가 국가경쟁력을 확보할 수 있다. 그러기 위해 그 기초교육을 담당할 과학저널리즘 전문 교육자를 양성하는 대학원 프로그램이 필수적으로 요구되고 있다. 만약, 우리가 그런 데까지 나아간다면, 비로소 선진국들처럼 장기적 관점에서 과학기술 중심사회로 다가가는 데 한 발짝 더 나아가는 것이 될 것이다.

[《과학문화》 통권 10호, 2003. 7. 1]

1장 과학커뮤니케이션의 소개

과학대중화와 언론의 역할

1. 언론의 역할

과학대중화와 연관하여 언론의 역할을 논의하는 것은 다음 두 가지 방향에서 가능하다. 첫째로 사실적으로 언론의 역할 속에 과학대중화가 어떻게 구현되고 있거나 구현될 수 있는지를 알아보는 것이고, 둘째로 규범적으로 언론이 과학대중화를 위해서 어떤 역할을 수행해야 되는지를 알아보는 것 등이다. 일반적으로 두 번째의 규범적인 논의를 할 때 실천적인 의지를 보여주는 것 같지만, 첫 번째의 사실적인 논의를 바탕으로 깔고 있지 않는 한 어떤 규범적 제안도 실현가능성이 거의 없는 허구에 그칠 가능성이 높다. 따라서 여기에서는 사실적인 논의에 우선 초점을 맞출 예정이다.

그러기 위해서는 언론의 역할이 무엇인지에 대한 논의를 먼저 해 둘 필요가 있다. 언론에 대해서 우리가 갖고 있는 편견 중의 하나는 언론을 너무 공익적인 차원에서만 바라보는 경향이 많다는 점이다. 그 결과 언론의 결과론적 아니면 규범적 역할이 자연스럽게 강조되어진다. 예컨대, 사회적 환경감시, 사회적 구성 요인들 사이의 상호 연계, 문화유산의 전수 등을 언론이 수행하는 일들로 내세우는 것(Lasswell, 1948)도 다분히 그런 공익성을 함축하고 있다.

엄격하게 말해서 언론은 하나의 정보상품이고, 언론활동은 정보상품을 파는 상(商)행위이다. 따라서 언론의 역할은 어떻게 하면 돈을 많이 버느냐에 매달리는 기업의 이윤 추구이다. 이런 언론의 사익적(私益的) 역할을 도외시하고 아무리 공익적(公益的) 역할을 강조해도, 그것은 언론의 실체로부터 멀어지는 길일 뿐이다.

언론의 정보상품은 '주로' 사회적 문제들이다. 언론소비자는 그 문제들에 관한 정보를 사는 것이다. 그런 정보를 사는 이유는 어떤 문제들이 있는가를 파악할 때 자신의 생존을 크게 위협하는 것으로부터 피해가거나 해결하는 방안을 찾을 수 있기 때문이다. 따라서 언론기업은 문제를 팔아 먹고사는 기업이라 할 수 있다.

물론 그 문제가 많은 사람들에게 긴밀하게 관계되는 것일수록 더 큰 상품가치를 가질 것이다. 그런 상품가치가 바로 뉴스가치(news value)이다. 대형사고나 재난이 톱뉴스를 차지하고, 그런 뉴스가 터졌을 때 신문과 방송은 불티나게 팔리는 것이다.

언론의 선정주의(sensationalism)는 전형적으로 뉴스가치를 과대포장하려는 노력이다. 문제 같지 않은 것도 큰 문제인 것처럼 보도하는 것이 바로 선정주의이다. 신문방송의 뉴스를 접촉하는 만큼 상품 판매를 위한 경쟁이 치열할 수 밖에 없다. 따라서 상품의 본래 가치를 과장해서 판매하려는 극단적 상업주의의 발로가 바로 선정주의인 것이다.

이런 언론의 사익추구 역할이 문제들의 노정(露呈)에서 가능해진다는 점을 고려할 때, 어떤 형태의 것이든 문제들의 제시없이는 언론의 상품화로 활용될 수가 없다. 따라서 과학대중화 노력도 문제들의 제시와 반드시 연계되어질 때 언론의 역할과 배합될 것이고, 결과적으로 언론활동이 과학대중화에 기여하는 부산물을 만들어낼 것이다. 그렇다면 이제 우리가 분석에 들어가야 할 일은 과학기술의 '문제' 관련 영역들이 어디쯤에 있는가를 찾아내는 것이다.

2. 과학기술의 과정

과학기술을 결과로서가 아니라 과정으로 볼 필요가 있다. 과학기술은 태생적으로 끝이 없으며, 어떤 결과도 다음 과정을 위한 수단이다(Kaplan, 1964). 그래서 끊임없이 연구하고 개발할 뿐이다. 이런 과정적 관점을 가질 때, 과학기술은 연구개발(Research & Development)로 재개념화될 수 있다.

따라서 과학탐구는 새로운 지식을 창출하는 연구과정이고, 기술개발은 유용한 도구나 테크닉을 발명하는 개발과정이다.

과학기술의 과정이 비단 연구개발로 끝나는 것은 아니다. 연구개발의 결과는 사회적 활용과 긴밀한 연관을 맺고 있기 때문에 반드시 사회적 정책(Policy)과 연결되어 있다. 정책은 많은 경우 공공복지를 목표로 하기 때문에 연구개발의 사회적 활용에 대한 사후 조정역할을 하기도 하지만, 때로는 미래지향적으로 연구개발을 선도하는 사전 조정역할을 하기도 한다. 예컨대, 동물복제(cloning)의 연구개발로 인간복제를 금지시키는 정책이 세워지기도 하지만, 질병퇴치 정책에 의해 동물복제에 대한 연구개발이 촉진되기도 한다.

이제 과학기술의 과정이 연구, 개발, 정책의 세 부문으로 연결되어져 있음을 알 수 있다. 먼저 연구부문은 기본적으로 질문응답(question/answer)의 과정이다. 즉, 자연에 대해서 질문하고, 그 질문에 대한 응답을 찾는 과정이 연구이다. 반면에 개발부문은 기본적으로 문제해결(problem/solution)의 과정이다. 인간의 생존에 걸림돌이 되는 문제를 찾아내고, 그 문제를 해소시켜 주는 해결 방안인 도구나 테크닉을 만들어내는 것이 개발이다. 이 개발부문에 연구부문이 널리 이용되는 것이 현대의 특징이다. 질문응답에서 얻어진 과학적 지식을 문제 해결의 기술개발에 응용하는 것은 이제 너무나 당연한 과정으로 받아들여지고 있다.

또한 정책부문은 공공문제해결(public problem/solution)의 과정이다. 공공문제를 찾아내고, 그 문제를 해결하기 위한 해결 방안을 마련하는 것이 정책부문이다. 기술개발이 공공문제 해결에 도움을 주는 경우는 너무나 흔하다. 기술발달로 다리 건설을 통한 교통문제의 완화나 넓게 보아 경제발전을 가져오는 것은 개발부문과 정책부문의 대표적인 연결고리이다.

또한 앞에서 언급했지만 정책부문은 연구개발의 결과로서만 필요해지는 것이 아니라 연구개발을 선도하기도 한다. 에너지 부족이라는 공공문제를 근본적으로 해결하려는 노력에서 다양한 분야의 에너지 관련 연구개발이 촉발되는 경우를 많이 볼 수 있는 것도 그런 사례에 해당된다. 이렇게 연구, 개발, 정책 부문들이 연속적으로 이어질 것이다. 따라서 과학기술의 전(全)과정을 시간적으로 연결하는 그림을 요약적으로 그리면 다음과 같을 것이다.

〈과학기술의 과정〉
(1) 연구 : 질문 → 응답 ;
(2) 개발 :   문제 → 해결 ;
(3) 정책 :   공공문제 → 공공해결 ;
(4) 연구 :   공공 → 응답 ;
(5) 개발 :   문제 → 해결

주로 인간의 생존을 위협하는 다양한 문제들을 팔아서 이윤을 추구하는 언론의 사익적 역할과 연관하여 위 그림 중 어떤 부문이 언론의 주목을 받을 것인지는 이제 상당히 명료해진다. 즉 개발과 정책부문들이 연구부문보다 언론의 주목을 크게 받을 것이다. 왜냐하면 그들은 질문보다 인간의 그리고 사회의 직접적인 문제들을 다루는 과정이기 때문이다. 물론 연구부문에도 연구자, 연구과정, 연구후원을 둘러싼 문제들이 있을 수 있다. 그러나 연구대상을 놓고 볼 때 아무래도 자연의 조건들 그 자체는 언론이 다루는 직접적인 문제들과 상당한 거리가 존재할 수 있다. 그럼에도 불구하고 자연에 대한 질문응답이 개발의 문제 해결에, 나아가 정책의 공공문제 해결에 엄청난 기여를 할 가능성이 있다면 당연히 또한 언론의 주목을 받을 것이다.

이렇게 언론의 역할과 과학기술의 과정이 가장 잘 '배합' 될 수 있는 추론들을 요약하면 다음과 같다.

첫째 : 개발부문에서 보다 중요하고 직접적인 문제를 해결하는데 기여하는 기술개발일수록 언론의 주목을 받을 것이다.

둘째 : 정책부문에서 기술개발을 통하여 보다 중요하고 직접적인 공공문제를 해결할 가능성이 클수록 언론의 주목을 받을 것이다.

셋째 : 연구부문에서 개발부문과 정책부문에 영향을 보다 크게 미치는 질문응답일수록 언론의 주목을 받을 것이다.

3. 과학대중화의 목표

이런 언론과 과학기술의 배합과정을 통하여 과학대중화가 어떻게 가능해질 수 있는가를 알아보기 위해서는 우선 과학대중화의 목표가 어디에 있는지를 규명하는 작업이 필요하다.

과학대중화(science popularization)는 과학기술 정보공급자의 관점에 속하는 개념이라고 볼 수 있다. 왜냐하면 그것은 과학기술 지식을 일반대중에게 전달하여 일반 대중의 과학기술소양(scientific/technological literacy)을 높이는 것을 목표로 하기 때문이다. 그렇게 될 때 소위 과학의 생활화, 생활의 과학화가 가능해지고, 나아가 현대 과학기술 시대의 공공정책 결정과정의 수준을 높일 수 있다고 주장하기도 한다.

물론 그런 과학대중화 목표가 반드시 과학기술 국민이해(public understanding of science and technology)의 증진으로 이어질 수 있는지, 나아가 국가 전체의 과학문화(scientific culture) 수준을 높이는 데 기여할 수 있는지를 판가름하기는 쉽지 않다. 일반적으로 국민이해는 과학기술 정보 수용자의 관점 그리고 과학문화는 제삼자적 관점에 속하는 개념들이라고 말할 수 있다. 사실보다 효과적인 과학대중화의 목표를 세우려면 과학기술 국민이해와 같은 정보 수용자적 관점의 개념을 명확하게 이해하는 것이 매우 중요하다(김학수, 1996).

일단 과학기술을 연구, 개발, 정책의 세 부문간의 연속적인 과정으로 개념화했을 때, 과학대중화의 목표는 연구부문의 과정, 개발부문의 과정 내지 정책부문의 과정을 일반 대중이 이해하고 생활화하는데 있다고 할 수 있다. 예를 들면, 일반 대중이 연구의 질문응답 과정을 잘 이해하고 생활화한다면 일반 대중의 과학자 이해는 물론 스스로 얼마든지 과학자적 역할을 수행할 수 있을 것이다.

또한 개발의 문제해결 과정을 잘 이해하고 생활화한다면 일반 대중의 기술인 이해는 물론 무엇보다 스스로 문제를 해결하는 기술개발에 직접 뛰어들 수 있을 것이다. 마지막으로 정책의 한 공공정책의 수립 및 결정 과정에 참여하는 참여시민으로 발전할 수 있을 것이다.

앞에서 본 언론의 역할과 과학기술의 과정이 가장 잘 배합될 수 있는 추론들을 만약 인정하고, 실제적으로 그들이 실천되어진다면, 언론을 통한 과학대중화의 목표는 개발부문 및 정책부문의 과정들에 대한 일반대중의 이해와 참여가 가장 용이하게 이루어질 수 있을 것이다. 사실 이것이 가능해지면 최소한 기술개발문화 내지 그것을 통한 참여적 정책문화는 크게 꽃피워질 것이다.

4. 과학커뮤니케이션 전문가의 육성

지금까지 규범적인 차원이 아니라 '사실적인' 차원에서 언론의 역할을 통해서 과학대중화가 가장 자연스럽게 실현될 수 있는 부문들을 살펴보았다. 주로 문제들을 팔면서 이윤을 추구하는 언론의 주목을 받는 길은 무엇보다 개발부문과 정책부문임을 알았다. 그렇다면 기술개발이 또는 그것에 의존한 것이 아니면 그것을 위한 공공정책이 어떤 중대하고 긴급한 문제를 해결하는 것인지를 언론에 전달해 주는 커뮤니케이션 메커니즘이 매우 중요한 것처럼 보인다.

사실 언론의 주목을 받게끔 언론에게 '문제먹이'를 제공하지 않는 한, 언론이 과학대중화에 발벗고 나설 하등의 이유가 없다. 언론사 내에 과학기술부가 독립적으로 그리고 지속적으로 자리잡지 못하고, 환경, 생활, 경제부서 등의 문제영역으로 자주 흡수되는 것도 따지고 보면 그런 문제먹이 제공의 커뮤니케이션 메커니즘이 작동하지 못하고 있기 때문일 가능성이 크다.

그런 점에서 개발부문 및 정책부문을 맡고 있는 조직의 '홍보전문가' 역할을 아무리 강조해도 지나치지 않다고 생각한다. 심지어 연구부문에서도 질문응답에서 얻어진 결과가 개발과 정책부문이 다룰 중대한 문제들을 해결하는데 어떻게 기여할 수 있는가를 언론에 잘 제시하는 홍보전문가가 존재한다면 연구부문에 대한 과학대중화 목표까지 성취할 수 있을 것이다. 결국 언론의 역할을 이용하여 과학대중화의 목표를 이룩하려면 언론에게 규범적으로 무엇을 기대하거나 바라지 말고, 과학기술의 각 과정을 책임맡고 있는 조직의 홍보전문가를 육성하는 길이 최선의 방책이라 하겠다. 물론 그 홍보전문가에 대한 과학커뮤니케이션 훈련은 무엇보다 문제들과 과학기술의 과정을 매우 효율적으로 연결시키는데 초점을 두어야 할 것이다.

우리는 이 글에서 언론의 역할과 과학기술에 대한 새로운 해석을 시도하였다. 언론에 대해서 지나친 공익적 관점을 배제시키고, 언론 본연의 사익적 관점을 강조하려고 하였다. 아울러 과학기술을 결과로서가 아니라 과정으로 개념화하면서 과학기술의 전 과정을 볼 수 있었다. 그 과정으로부터 언론의 역할이 자연스럽게 배합될 수 있는 부문들과 과학대중화의 목표를 명료하게 드러낼 수 있었다.

마지막으로 이런 분석을 통해서 언론이 과학대중화에 기여하려면 과학기술 커뮤니케이션의 전문적 훈련을 받은 홍보전문가의 육성이 가장 핵심적인 과제임을 파악할 수 있었다. 이제 우리가 해야 할 길은 그런 육성을 실천에 옮기는 일이다.

[《과학기술출판》 1997년 가을호 통권 8호]

〈참고문헌〉
- 김학수(1996), 「과학기술 국민이해 조사 표준모델 개발연구」, 과학기술정책관리연구소 정책연구 96-04
- Kaplan Abraham(1964), The Conduct of Inquiry. New York : Thomas Y. Crowell Company
- Lasswell, Harold(1948), The structure and function of communication in society. In L. Bryson(Ed.), The Communication of Ideas. New York : Harper

우주센터를 '과학공원'으로

정부는 곧 전남 고흥군 외나로도에 '나로우주센터'를 착공할 예정이다. 그렇게 되면 국가의 과학기술개발 주요 전략사업 중 하나로 지정되어 있는 우주기술(ST) 개발이 본격적인 궤도에 진입할 것이고, 2005년 우주센터가 완공되면 명실공히 우주기술 독립국가의 지위를 확보할 것이다. 사실, 우주기술은 물리, 천문, 전자, 소재, 기계 등 거의 모든 과학기술 지식을 통합적으로 요구하는 첨단기술이라는 점에서 국가의 기술력 발전에 시사하는 바가 크다.

그러나 또한 금년 2월 1일 미국의 우주왕복선 컬럼비아호가 귀환도중 폭발하여 7명의 과학자가 희생되는 대 참사를 상기할 필요가 있다. 그보다 앞서 1986년 1월 28일에는 챌린저호가 발사도중 폭발하는 사고가 있었고, 그것은 미국항공우주국(NASA)의 위상을 크게 위축시키기도 했다. 가까운 일본에서도 1999년 11월과 2000년 2월 두 번의 로켓발사에 실패하면서 우주개발사업단에 대한 대대적인 개혁이 일어나기도 했다.

이렇듯 우주기술 개발은 소요되는 엄청난 국민 세금을 순식간에 물거품으로 만들어버리는 사고의 위험성을 또한 갖고 있다.

로켓발사는 그 자체가 강렬한 인상을 심어줄 수 있는 웅장함과 화려함은 물론 극적인 요소까지 갖추고 있다. 따라서 그것은 위성이나 우주선뿐만 아니라 전 국민의 과학문화를 높이 쏘아올리는 상징성을 갖고 있다. 인공위성의 발사를 보면서 국민들은 과학과 과학자의 중요성, 그리고 국가의 힘과 자존심을 피부로 느끼는 것이다. 그런 만큼 우주센터는 일반 국민을 위한 과학문화의 최첨단 전초기지이기도 하다.

그러나 미국, 일본의 경험에서 보는 것처럼, 우주선 발사가 항상 성공한다는 보장이 없다. 만약 실패할 경우, 과학과 과학자에 대한 부정적 인상이 일반 국민에게 강하게 드리워질 것이다. 심지어 국가 연구개발 투자에 대한 국민의 신뢰마저 쉽게 무너질 수 있다. 바로 이런 사태를 대비하는 것이 우주센터의 성공적인 설립 못지 않게 중요하다는 것이 필자의 생각이다. 일반 국민을 위한 우주체험관을 같은 지역에 설치하여 우주기술에 대한 이해를 높이려고 하는 것도 아마도 그런 대비책의 하나로 여겨진다.

미국 플로리다 주(州) 동해안의 커내버럴 국립해양공원에 위치한 케네디우주센터를 방문했을 때 받은 인상은 우주센터 전부가 일종의 '과학문화 국민공원'으로 이용되고 있다는 느낌이었다. 방문객들은 과학기술자들의 작업에 방해를 주지 않으면서 주요 시설과 운용을 직접 관람할 수 있었고, 자원봉사자로 활동하고 있는 그곳 은퇴 과학자들의 친절한 설명을 들을 수 있었다. 이쯤 되면, 아무리 우주선 폭발사고가 나더라도 NASA의 활동, 나아가 국가의 과학기술 투자에 대한 신뢰가 지속될 수밖에 없다는 생각이 들었다.

그렇다면 이제 우리의 우주센터 건립도 새로운 비전을 필요로 하는 것처럼 보인다. 우주센터 전체를 '과학문화 국민공원'으로 발전시키는 장기 목표가 요구된다고나 할까. 그러기 위해서는 단순한 우주체험관을 넘어 전(全) 시설에 대해 일반 국민이 가깝게 다가가고, 각종 과학기술 분야를 향유할 수 있는 설계와 운용 방안이 필요한 것처럼 보인다. 그러기 위해서는 우주센터의 기술적 기능 못지 않게 과학문화적 기능에 대한 과감한 투자를 생각할 때이다.

우주센터를 통해 우리가 과학(자)의 영광과 좌절을 동시에 경험하리라는 것은 너무나 명확하다. 그러나 후발주자로서 유리한 점은 영광보다 '좌절'에 대한 고려를 미리 할 수 있다는 점이다. 그런 점에서 우주센터를 '과학문화 국민공원'으로 승화시키는 과감한 관점의 도입이 무엇보다 중요하다. 그리고 그렇게 될 때만이 어떤 좌절이 우리의 과학(자)에게 닥치더라도 국민의 신뢰를 잃지 않을 것이며, 나아가 과학기술에 대한 지속적인 국민 참여가 가능할 것이라는 점을 강조하고 싶다.

[디지털 타임즈(시론), 2003. 6. 17]

과학저널리즘의 과제와 대안

우리가 늘 경험하는 것처럼, 인간과 사회에 관한 한 목표 지향적인 그리고 가치 지향적인 생각을 먼저 하는 경향이 강하다. 그래서 사회과학에서는 진정한 의미의 과학적 사고보다는 당위적(should, must), 규범적 사고를 서둘러 먼저 하는 경향이 강하다. 이것은 결과적으로 인간과 사회에 대한 본질적 이해를 가로막는 장애 요인이 되고 있으며, 나아가 당위적 목표에 대한 성취마저 더욱 어렵게 만드는 요인이기도 하다.

과학저널리즘의 과제도 그것에 대해 지나치게 당위적 생각을 많이 하고 있다는 점이다. 특히, 과학자일수록 과학저널리즘에 대한 높은 기대(목표)를 갖고 있으며, 그로 인하여 과학저널리즘에 대한 본질적 이해에 더욱 눈멀어지고 있다. 이것은 결국 과학과 저널리즘, 과학자와 언론인의 상호관계를 더욱 어렵게 만들고 있다고 볼 수 있다.

저널리즘은 기본적으로 정보를 팔아먹기 위한 언론사 기업 활동의 일환으로 정보 자료를 수집, 가공하여 최종 상품으로 내보내는 일선 생산직 기능이다. 그러므로 엄격하게 말해서 저널리즘은 단순히 사(私)기업적인 이익 창출을 노리는 상업 행위이다. 그럼에도 불구하고 저널리즘을 공익적(公益的)인 활동으로 여기는 것은 이익 창출 과정에서 그것이 만들어내는 부수적 효과 때문이다. 즉, 사기업적인 활동으로 공동체의 문제가 파헤쳐지는 그래서 더욱더 공공 조직에 대한 객관적 감시가 가능해지는 순기능이 나타나는 것이다.

저널리즘을 통해 우리가 비싼 값(구독료 및 시청료 납부, 광고료의 소비자 전이)으로 구매하고 있는 정보 상품은 곧 우리 사회의 문젯거리이다. 어떤 것이 공동체의 문제인가를 파악할 때만이 효과적으로 살아갈 길을 찾을 수 있기 때문에, 심각한 문제일수록 더 정보 가치가 높을 수밖에 없다. 따라서 저널리즘에서 문제투성이 소식이 아니라 밝은 소식을 기대하는 것은 처음부터 잘못된 가정이고, 선정주의는 그런 문제투성이의 소식에 대한 값어치를 더욱 부각시키는 장사 기법이다.

그렇다면, 과학을 이런 저널리즘의 활동에 접목시키기가 얼마나 어려운지를 금방 알 수 있다. 왜냐하면 과학은 저널리즘의 존재 이유와 근본적으로 너무 다르기 때문이다.

과학은 쉽게 이야기해서 자연에 대한 질문을 던지는 과정이라 하겠으며, 그 던지는 질문은 기본적으로 주어진 질서(given order)를 찾기 위한 것이다. 그러므로 우리가 지각할 수 있는 표피적인 세계, 즉 현상(phenomena)을 다루기보다 그 뒤에 숨어 있는, 눈에 잘 보이지 않는 질서를 찾는데 치중하는 것이 과학이다. 이런 점은 현상의 문제점을 좇는 저널리즘과 큰 차이를 만들어낼 수밖에 없다.

과학과 저널리즘 사이의 이런 깊은 간격은 늘 우리를 당혹스럽게 한다. 그렇다면 과학과 저널리즘이 가깝게 접목할 수 있는 길은 없는가?

이것이 우리가 진정 물어야 할 질문이다. 이 질문에 적절히 대답하지 못한다면, 우리는 과학저널리즘의 성공과 실패의 근원을 알 수 없으며, 또한 새로운 대안을 제시할 수도 없다.

이 물음에 대답하기 위해서 과학의 실천에 대한 보다 구체적인 과정을 살펴볼 필요가 있다. 과학은 실천의 관점에서 또한 연구개발(R & D)로 일컬어진다. 그 중에서 연구(research)는 질의응답 과정(question-answer process)이고, 개발(development)은 문제해결 과정(problem-solution process)이라고 볼 수 있다.

그러므로 넓게 말해서 기본과학(basic science)은 전자인 연구에 더 가깝게 해당되고, 응용과학(applied science)은 후자인 개발에 더 가까이 있다고 볼 수 있다. 흔히, 과학과 공학의 차이 또는 과학과 기술의 차이는 바로 그런 실천 영역의 차이에서 비롯되는 것이다. 그러므로 통칭 과학이라는 이름 아래 다양한 영역들이 존재하고 있는 것을 알 수 있다.

사실 이런 다양한 영역들은 결국 현상과 숨겨진 질서 사이의 어디쯤을 주요 대상으로 탐구하느냐에 달려 있다. 흔히 이론 과학자일수록 '숨겨진 질서'의 세계에 보다 가까이 가려고 노력할 것이고, 그럴 경우 탐미적(aesthetic)인 세계에 불과한 '현상'으로부터 더욱 더 멀리 떨어져 있을 것이다. 반면 기술개발에 몰두해 있는 응용 과학자는 현상에서 제기되는 다양한 문제점을 해결하는 데 보다 크게 주목할 것이고, 따라서 현상으로부터 보다 가까이 있다고 하겠다.

이제 과학과 저널리즘이 쉽게 만날 수 있는 접점은 명확한 것처럼 보인다. 저널리즘이 현상의 문제점을 드러내는 데 치중하고 있는 한, 현상에서 제기되는 문제점을 해결하는 데 치중하는 응용과학이 기본과학보다 그리고 문제해결 과정의 개발(development)이 질의응답 과정의 연구(research)보다 왜 더 쉽게 저널리즘과 만나고 있는지를 알 수 있다.

이런 발견은 우리에게 많은 것을 시사해주는 것처럼 보인다. 다시 말해서 왜 과학저널리즘이 순수과학을 멀리하는지 그리고 개발 중심의 보도에 치중하는지, 심지어 순수과학의 연구결과를 어떻게 하면 저널리즘에 편승할 수 있게 만들 수 있는지도 깨닫게 만든다.

과학의 영역에는 또한 과학정책(science policy)이라는 것이 있다. 이것은 공공의 문제(public problem)를 해결하는 데 목표를 두고 있다. 예컨대, 방사성폐기물 처리장을 어디에 건설할 것인지 또는 국가의 연구개발 예산을 얼마로 늘릴 것인지 등은 많은 국민의 이해관계가 얽힌 공동체의 문제를 해결하기 위한 방안에 관한 것이다. 따라서 자연히 이것은 앞에서 언급한 응용과학 내지 개발에 초점을 둔 '특정 문제'의 해결보다 저널리즘의 주목을 더 끌 수밖에 없다.

과학저널리즘은 결국 과학과 저널리즘이 접목하는 데 필요한 키워드인 '문제'를 떠날 수 없고, 그렇기 때문에 문제-해결에 초점을 둔 개발과 정책의 보도에 치우칠 수밖에 없다. 이런 점을 상기할 때, 과학저널리즘의 성공과 실패의 근원을 쉽게 파악할 수 있다. 예컨대, 순수학술지에 게재된 연구논문의 내용을 정확성을 내세워 그대로 보도한다면, 그것은 이미 과학저널리즘이 아니다. 그 연구 결과가 어떤 '현상의 문제'를 해결하는데 맞닿아 있는지를 밝힐 때 우선 편집부 내에서 보도의 관문을 통과할 수 있을 것이고, 나아가 언론 수용자도 그 기사를 읽을 가능성이 있다.

이제 과학자는 과학저널리즘에게 지나친 기대를 하지 말아야 하는 것을 알 수 있다. 과학저널리즘은 과학적 지식을 전파하는 것이 목적이 아니다. 그리고 그렇게 한다고 해서 일반 국민의 과학적 소양이 올라가는 것도 아니다. 이미 우리가 엄청나게 받은 과학 교육으로부터 그런 경험을 하지 않았는가. 그렇다면 과학저널리즘의 소임은 과학기술의 해결력이 어떤 현상의 문제를 극복하는 데 기여하는지를 드러내는 데 있다. 우리가 그것으로부터 얻는 부수적 효과는 과학기술에 대한 의미 있는 강한 '인상'이다. 그 인상은 경이(wonder)일 수도, 매력(valence)일 수도, 두려움(fear)일 수도, 아니 단순한 사실(fact)일 수도 있다. 이런 것들이 걸러지고 누적될 때 지식(knowledge)이나 태도(attitude)가 생길 수는 있다. 그러나 우리가 늘 경험하는 것처럼 단번에 지식과 태도가 만들어지지 않는다.

따라서 과학저널리즘이 과학기술에 대한 어떤 강한 인상만이라도 남긴다면, 그것은 굉장한 성과이다. 그렇게 하는데 과학자도 그리고 일반 언론인도 할 수 없는 과학저널리즘의 고유 영역과 전문성이 존재하는 것이다.

[포항공대 신문 200호, 2003. 11. 19]

1장 과학커뮤니케이션의 소개

과학커뮤니케이션의 실패

오늘날 한국의 일반 국민은 과학기술을 어떻게 이해하고 있을까? 작년에 필자가 전국 성인을 대상으로 실시한 조사에 따르면, 과학기술 연구의 결과물인 컴퓨터, 인터넷, 자동차, 냉장고, 텔레비전 등 생활용품 중심으로 과학기술에 대한 강한 인상을 받는 것으로 밝혀졌다.

사실, 이들이 가져다주는 생활의 편리함에 압도되지 않는 현대인은 거의 없을 것이다. 그럼에도 불구하고, 젊은이들은 이공계 진학을 기피하고 있고, 전력의 40% 이상을 조달하는 원자력 발전소의 폐기물을 처리할 장소에 대한 국민적 거부감은 여전하다. 이것은 단적으로 말해서 과학교육, 과학보도, 과학홍보를 포함한 '과학커뮤니케이션'의 실패를 의미한다.

물론 과학커뮤니케이션의 실패가 우리에게만 존재하는 것은 아니다. 선진국들의 경우에도 성인의 약 7~8%만이 과학의 기본 용어들, 예컨대, 원자, 지동설, DNA 등을 이해하고 있는 것으로 밝혀졌다. 이런 지식은 학창시절에 습득되었지만 성인의 생활속에서 잊혀졌다고 보는 편이 옳을 것이다. 따라서 과학기술의 지식이 일상생활과 연관되지 않는 한, 과학기술에 대한 이해가 지속되기 어렵다고 보여진다.

무엇보다 과학 교육의 현장에서 일어나는 커뮤니케이션의 실패는 심각한 것 같다. 작년 조사에 따르면, 중·고교 학창시절 수학, 물리, 화학 등의 핵심 과학 과목들에 대해서 싫어했다는 성인의 응답 분포가 좋아했다는 분포의 거의 배에 육박했다.

학교시절 과학 과목 호·불호 응답 분포 (복수 응답)

과학 과목	좋아했던	싫어했던
물리	10.4%	24.5%
화학	11.7%	17.5%
수학	19.4%	37.1%
생물	24.8%	8.7%

학교 교육이 이들 과목들에 가장 많은 시간을 배당한다는 점을 상기할 때, 교육 현장에서 과학커뮤니케이션의 효율성은 상당히 떨어진다고 보여진다. 그리고 이것이 이공계 기피현상에 기여할 것은 명백하다.

학교를 떠난 뒤에, 과학 및 기술의 각각에 대한 이해를 쌓는 절대적인 창구로 매스미디어를 언급한 성인의 분포(56.6%; 71.2%)는 압도적이다. 과학관, 과학축전, 과학전시회 등의 기초 과학문화 활동이 저조한 현실에서 과학커뮤니케이션의 유일한 통로가 언론 매체일 것이다. 그런 측면에서 신문의 과학 보도, 방송의 과학프로그램이 갖는 대(對)사회적 중요성은 아무리 강조해도 지나치지 않는다. 비록 그들이 상업적 목적을 깔고 생산되고 있지만, 그것을 통해서 성인들은 간접적으로 과학기술에 대한 이해를 얻는다.

무엇보다 과학커뮤니케이션이 성공하기 위해서는 수용자의 관점에서 출발하는 것이 긴요하다. 과학 교육에서는 학생의 관점, 과학보도는 독자와 시청자의 관점, 과학 광고와 홍보는 소비자의 관점에서 출발해야 한다. 그러기 위해서는 수용자의 일상생활 관심거리와 연계되어 과학기술 지식이 전달될 필요가 있다. 그런 측면에서 주위에서 흔히 볼 수 있는 과학기술자의 '자기중심적' 커뮤니케이션은 오히려 과학기술에 대한 증오를 초래하는 역기능을 한다.

따라서 과학기술자의 커뮤니케이션 훈련은 이 시대가 가장 필요로 하는 화두이기도 하다.

2장 성공적인 과학커뮤니케이션 하기

기술, 개발문화, 언론의 몫은 무엇인가?

1. 일본 이야기

동경에서 서남쪽으로 약 2시간쯤 가면 丹澤湖라는 호수를 만날 수 있다. 호수의 끝머리에서는 中川溫泉이 자리잡고 있는데, 그곳은 아마 외국인에게, 아니 일본인들에게도 거의 알려지지 않은 휴양지라 여겨진다. 만추(滿秋)의 계절에 가도 일본 전래의 야외 온천탕에 거의 홀로 들어앉아 빼어난 가을 정경을 얼마든지 만끽할 수 있을 정도로 한가롭다. 인구 1억 2천만 명 이상이 숨쉬는 좁은 국토에도 동경 근처에 이런 조용한 곳이 있는가 하고 놀랄 정도이다.

동경의 젊은이 광장은 아무래도 新宿驛 근처이다. 젊은이들을 유혹하는 온갖 환락과 함께, 그들의 늘 새로움을 찾는 욕망을 채워주기 위한 '값싼' 신제품들이 가장 먼저 쏟아져 나오는 곳이기도 하다. 어디를 둘러봐도 보이는 것은 끝없는 광고 메시지들일 뿐인 것이 일본의 도시 풍경이기도 하다. 거리에도 전철에도 버스에도 오직 광고, 광고의 연속이다. 그리고 그들은 늘 새로운 제품임을 주창하고 있다.

中川溫泉에서 며칠 쉬었다가 新宿驛을 들리면, 당장 문화 충격에 빠지는 것이 일본이다. 그 동안 눈에 가두어 두었던 광고물들이 어느새 바뀌었기 때문이다.

그러므로 일본 사람이 일본을 떠나서 한달 후에 돌아오면, 새로운 세상에 와 있음을 실감한다고 한다. 당장 무엇을 사야할지 망설여지고, 그래서 생활의 당혹감마저 느낀다고 한다. 적어도 일본에서는 텔레비전에 똑같은 광고가 한 달을 넘기는 경우가 많지 않다니, 그 사회가 얼마나 빠르게 변하고 있는지 실감하지 않을 수 없다.

수명 한 달의 광고는 분명히 암시하는 바가 많다. 아무리 메시지만 바꾸면 된다고 하지만, 새로운 제품을 선보이지 않는 한 광고의 소구력(訴求力)이 떨어질 것이다. 그러므로 새로운 광고는 새로운 제품의 출하를 전제로 하지 않을 수 없다.

우리나라의 경우에도 가장 빈번하게 나타나는 가전제품 광고를 보라. 시시각각으로 내놓는 신제품의 광고들에 놀라지 않을 수 없다. 즉, 광고의 변경과 신제품의 출고는 정확히 비례할 가능성이 높다.

일본의 R & D 문화는 광고 문화에 모두 녹여 있는 셈이다. 아니, 광고가 일본의 R & D 문화를 반영하는 것이다. 끊임없이 쏟아져 나오는 신제품 광고는 필연적으로 연구 개발의 결과이다. 좀 더 편리하게, 좀 더 싼 값으로 소비자에게 봉사하려는 사회 풍토는 자연히 세계 일등 상품을 만들어낼 수밖에 없다.

그러므로 일본의 전략이란 일본 시장 안에서 살아남을 수 있는가를 경쟁시키는 것이다. 한 달 수명의 치열한 경쟁 풍토에서 살아남으면, 그 상품은 자연히 세계 시장에서 살아남지 않을 수 없다. 그래서 일본은 국내 시장의 쟁탈을 위해서 R & D 문화가 존재한다고 볼 수 있다.

이 중요하다. 기술연구는 생활 현장에서, 작업 현장에서 문제점을 발굴하는 것에서부터 출발한다. 그 문제점이 보다 명확하게 규명되는 것은 명확한 만큼 보다 타당한 해결점을 찾는 지름길이다.

그런 의미에서 우리의 R & D 문화의 발전을 위해서는 기술연구로 나아가는 현장에서의 문제 상황 찾기에 주목할 필요가 있다. 현장에서의 문제 상황 찾기를 치중하려면 자연히 작업 현장의 근로자에 대한 새로운 인식을 필요로 하게 된다. 우리가 기술분야에서 R & D 문화에 뒤떨어져 있다면, 그런 작업현장의 팀장이 부딪치는 문제 상황들을 수렴하고 탐구하는 데 소홀했다는 것에 지나지 않는다.

3. 개발(Development) 이야기

다시 도시바의 이야기로 돌아갈 필요가 있다. 작업 현장의 팀장에게서 건너온 문제점은 반드시 석사학위 졸업 이상의 전문연구원에게 전달되고, 팀장과 연구원이 공동으로 문제 해결에 나선다는 점이다. 이 두 사람의 역할에는 사실 개발(Development)이 무엇인가를 가장 잘 나타내는 핵심들이 들어있다는 데 놀라지 않을 수 없다.

개발은 두 가지 의미를 내포하고 있다. 하나는 이전의 경험에서 얻어진 교훈을 살린다는 것과 다른 하나는 그 이전과는 좀 더 다른 새로운 것을 만들어낸다는 점이다. 즉, 이전의 경험에서 얻어진 피드백을 활용해서 보다 편리하고 효율적인 새로운 방안을 만들어내는 것이 개발이다.

그렇다면, 도시바의 경우에 작업 현장의 팀장은 피드백을 제공하는 사람이고, 연구원은 그것을 활용하여 새로운 방안을 모색하는 사람이다. 따라서 그 두 사람의 결합은 개발의 진정한 두 의미들을 살리는 하나의 팀이 되는 것이다. 그런 상황에서는 끊임없이 작업 현장에 직접적으로 쓰일 수 있는 기술혁신이 일어나지 않을 수가 없다.

개발은 한마디로 피드백 활용 문화이다. 지난 행위에서 얻어진 결과에 바탕을 두고서 반성할 점, 문제되는 점을 찾고(앞에서 논의한 연구의 핵심), 그것을 개선하려는 노력이 바로 개발이다. 그래서 지난 단계와 절연되지 않으면서도 새로운 방향을 타개해 나가는 것이 개발의 정의(定義)이다. 그런 의미에서 과거와는 아랑곳 없이 완전히 새로운 것을 만들어내려는 창조의 원정의(原定義)와는 다르다고 하겠다. 이런 창조의 상태에서는 아무리 획기적인 것일지라도 현실의 상황을 고려하지 않은 탓으로 적용되지 못하고 흘러가는 경우가 많다. 많은 창조의 아이디어나 제품들이 사멸(死藏)되는 경우는 대부분 이런 이유 때문이다. 그러므로 개발은 현실적용력이 높은 반면에 순수한 창조는 그렇지 못한 면이 있다. 도시바의 개발모델은 현실적용력 중심의 것이라 하겠다.

물론 과거의 결과에서 얻어진 내용을 기반으로 한 개선의 노력에도 새로운 것을 만들어낸다는 전제가 있는 한, 일반적인 통칭의 창조적인 노력이 가미되는 것도 사실이다. 그러나 이때의 창조는 흔히 이야기하는 과학 이론에서의 창조적 노력이라기보다는 기술개발에서의 개선적 노력이라고 하겠다. 따라서 R & D 문화에서의 개발(D)의 의미는 전자보다 후자의 개선적 노력에 더 가깝다고 봐야 한다.

비록 개발이 획기적인 창조적 업적을 이룩하지 못할지는 몰라도 끊임없는 개선 노력은 필연적으로 기술혁신 문화를 꽃피울 수밖에 없다. 그리고 그런 노력은 소위 완벽주의(perfectionism)를 기르는 첩경이다.

완벽주의란 다른 말로 말해서 끝이 없는 개선 노력을 의미하는 것이다. 흔히 일본 기술 문화의 특징을 완벽주의에 놓고 있는 것이나, 우리의 기술 문화를 대충주의 내지 끝마무리가 없는 문화라고 부르는 이유도 따지고 보면 개발의 진정한 의미가 스며들지 않았기 때문이다.

따라서 우리가 진정한 의미의 개발 문화를 일으키려면, 과거 경험의 피드백 내지 결과를 그냥 내버릴 것이 아니라 축적·활용해야 하고, 그로부터 보다 개선시키려는 노력을 '지속적으로 되풀이해야' 된다는 점이다. 완벽주의를 지향하는 것이야말로 개발에 대한 올바른 정의의 핵심인 것이다.

4. 언론의 몫

R & D 문화에 대한 논점들이 명확하게 되었다면, 이제 언론은 그 문화를 진작시키기 위해서 어떤 역할을 할 수 있을까. 그것을 논의하려면 무엇보다 언론의 속성을 거론할 필요가 있다. 언론은 한마디로 이 사회를 위한 공익사업 기관이 아니라 정보상품을 파는 가장 자본주의적이고 현대적인 장사꾼 내지 기업이라는 점이다. 뉴스를 팔면서 구독료 내지 시청료를 거두고, 그것에 덧붙여 광고 수입까지 거두어드리는 완전히 중첩적인 장사꾼이라는 점이다. 그런 중첩적인 장사꾼인 이상, 그들의 요구에 맞지 않으면 절대로 언론의 기여를 기대할 수 없다.

그런 의미에서 언론이 그냥 공익적 사업으로 과학기술 문화 내지 R & D 문화를 일으키는 데 기여하기를 기대하는 것은 너무나 그 속성을 모르고 하는 소리이다.

언론이 뉴스를 파는 데, 가장 잘 팔리는, 즉 뉴스 가치가 가장 큰 것이 사회적 문제점들이다. 즉, 여러 사람들에게 연관되는 문제점을 신속하게 발굴해서 뉴스화시킬 때, 그 신문과 방송 프로그램이 잘 팔리는 것이다. 그런 의미에서 연구(Research)가 바로 문제점을 명확하게 찾는 것에서 출발하는 것이라면, 그런 연구의 결과로 나타난 기술의 문제점들을 언론 상품으로 전이될 수 있도록 연결시키는 메커니즘이 중요하다고 볼 수 있다. 그런 점에서 연구 문화를 진작시키기 위해서는 연구를 통해서 찾아진 기술적 문제점들이 쉽게 언론인들에게 접근될 수 있게 해야

되고, 과학기술을 담당하고 있는 언론인들은 그런 문제점을 찾는 노력을 게을리하지 말아야 한다.

언론의 제1차 기능이 환경감시 기능인 이상, 그것은 사회 환경에 도사리고 있는 다양한 문제점을 발굴해서 파는 데 있는 것이다. 그런 의미에서 과학언론인은 과학기술 분야의 환경감시 기능을 수행하는 데 철저해야 하고, 그것은 바로 과학적 내지 기술적 문제점들을 적극적으로 발굴해서 적시해 주는 일이다. 이런 일이 과학기술 관련 기사의 장사폭도 넓힐 수 있음은 물론이다.

그러나 현재 우리나라 과학기술 관련 기사는 이런 원초적인 언론 기능과 대부분 동떨어져 있다는 데 유의할 필요가 있다. 예컨대, 우리의 과학기술 보도는 과학기술계의 정치적·행정적 갈등관계를 주로 알리는 데 바쳐지고 있다.

그 이유는 과학기술 보도 담당자들이 출입처를 '산업현장' 내지 '연구현장'에 두고 있다기보다 과학 행정을 맡고 있는 과학기술처에 두고 있기 때문이다.

물론 갈등관계도 문제점임에 틀림없지만, 그것은 주로 사회적 문제이지 과학기술 자체, 특히 기술의 문제점과는 다르다. 그런 의미에서 우리의 과학기술 보도는 과학기술 자체의 환경감시에 치중하기보다 과학기술계 종사자들의 사회적 환경감시에 치중하는 경향이 있다. 이것의 개선은 바로 과학기술 보도가 개선해야 할 몫에 해당된다 하겠다.

요즈음 들어와서 더욱 점입가경인 것은 과학기술 보도가 지나치게 유행을 타고 있다는 점이다. 즉, 모든 언론의 과학기술 분야 기사가 대부분 컴퓨터를 중심으로 한 뉴미디어에 집중되어 있다는 점이다. 어떤 신문의 과학면, 어떤 방송의 과학 프로그램을 보더라도 첨단산업 내지 정보산업이라는 이름 하에 온통 뉴미디어 관련 기사로 채워져 있다.

알다시피 과학기술이 어디 뉴미디어뿐인가. 생물학, 우주공학, 기계공학, 보건학 등 이루말할 수 없이 많은 분야가 눈코 뜰 새 없이 빠른 속도로 발전해가고 있으나, 우리의 과학기술 환경에는 엄청난 문제점들이 도사리고 있다.

그렇다면, 그런 문제들을 발굴해서 기사화하는 것이 과학기술 보도의 환경감시기능을 충족하는 것이고, 아울러 언론의 장사꾼적 목적에도 부합되는 것이다. 어찌된 영문인지 다른 정치, 경제, 사회 분야들은 한결같이 각 분야 자체의 문제점 발굴로 뉴스가 이루어지나, 유독 과학기술에 관한 보도에서는 과학기술 자체의 문제점을 뉴스로 만들지 않고 있으며, 그것도 하나의 주제인 뉴미디어에만 매달리는 유행을 타고 있다. 따라서 뉴스의 다양성에도 매우 뒤떨어져 있는 상태에서 과학기술 기사의 閱讀率 내지 視聽率이 높아지기를 기대하는 것은 무리이고, 그런 상태에서 편집국장 내지 보도국장이 과학기술 보도량을 확대해 주는 것은 너무나 장사의 논리에 맞지 않는다고 판단할 수밖에 없다.

또하나 뉴스의 속성은 새로움(novelty)이다. 즉, 새로운 것이라야 뉴스가 팔릴 수 있는 가치가 생겨나는 것이다. 그런 새로움을 가장 쉽게 전달할 수 있는 분야가 과학기술 관련 내용이다. 특히 개발(Development) 문화는 주로 기술계통에서 이루어지는 새로움의 전개 과정을 가리키는 것이기 때문에, 그런 기술개발을 적극적으로 보도하는 것은 뉴스의 속성과 너무나 쉽게 맞물린다. 그런 의미에서 언론의 몫의 중요한 것 중의 하나는 그런 기술개발의 빠른 진보들을 널리 보도하는 것이다.

언론은 반드시 뉴스만 팔고 있는 것이 아니라 광고 수입을 통해서 대신 광고내용도 팔고 있다고 앞에서 이야기한 바 있다. 그 광고 내용이 산업화된 사회로 나아갈수록 과학기술 관련 내용이 담겨질 가능성이 크다. 요즘 우리나라에서도 전자제품, 자동차제품, 심지어 맥주 및 소주에 이르기까지 새롭게 개발된, 그리고 이전의 결점을 보완한 신제품을 알리는 광고를 무수히 접할 수 있다. 그런데 그 내용들이 한결같이 매우 전문적인 기술적인 내용을 담고 있는데 놀라지 않을 수 없다. 따라서 우리나라에서도 개발 문화의 상당 부분이 신제품 광고를 통해서 신장되고 있다고 주장할 수 있다.

그러나 그런 광고들은 언론이 실제로 행하는 것이지만, 실제로는 돈벌이에 불과한 수동적 수용이고 그런 내용의 적극적 몫은 광고주 및 광고 수요자의 요구에 달려있다고 볼 수 있다. 그럼에도 불구하고 광고가 보다 기술개발의 내용을 소개하는 것으로 담는 풍토를 언론의 광고 관련 종사자들이 간접적으로 조장시키는 것도 언론이 담당할 몫이 될 수 있다고 하겠다.

이상, 뉴스를 통해서 그리고 광고를 통해서 언론이 R & D 문화의 진작에 기여할 수 있는 몫을 찾아보았다. 결론적으로 말해서, 우리가 R & D 문화를 신장시키기 위해서는 연구(Research) 및 개발(Development)의 핵심적 정의가 무엇인지를 분명히 따져 보아야 하고, 그것이 언론의 기능과 어떻게 맞물리는가를 파악할 때 보다 타당한 방안들이 도출될 수 있다. 이 글에서는 그런 점을 명확히 하려고 했고, 그 결과 우리의 R & D 문화가 왜 뒤떨어져 있는가를 과학기술 문화의 구조적 문제점에서 뿐만 아니라 과학기술 관련 보도문화에서 극명하게 드러낼 수 있었다.

이제 우리가 할 일은 기술 현장에서의 문제점들을 발굴하고, 그들을 지속적으로 해결하려는 완벽주의 문화를 가꾸는 것과 그런 연구개발 과정 자체에 대한 환경감시 기능에 충실한 언론 보도를 가꾸는 것에 있다는 점을 특히 강조할 필요가 있겠다.

과학정책 정치쟁점 삼아야

금년은 21세기 한국의 미래를 이끌어갈 대통령을 뽑는 해이다. 그런데 대선(大選) 쟁점화되고 있는 주요 이슈들은 지극히 과거 지향적이고 정치 보복에 치우치기 쉬운 것들이다. 예컨대, 공적 자금 사용에 대한 국정조사 여부, 제왕적 대통령제의 실패를 묻기 위한 헌법 개정 논의 등이 대표적인 사례다. 그렇다면 미래 지향적인 대선 쟁점들은 존재하지 않는가. 과학기술은 원천적으로 미래 지향적인 성격을 갖고 있다. 따라서 과학기술정책을 대선 쟁점화로 이끄는 것이야말로 국가 지도자의 경쟁력을 한 단계 높이는 길이라고 보여진다.

제2차 세계대전이 끝난 뒤, 전쟁 영웅으로 떠오른 드골은 프랑스의 미래에 대해 남다른 생각을 갖고 있었다. 그 때까지 프랑스는 전통적으로 발전된 농업국가에 머물러 있었다. 그는 대통령으로 일하는 동안 국민들에게 빈곤을 감내해줄 것을 요청하였다. 대신에 대부분의 국가 예산을 나라의 장기비전에 해당되는 과학기술 발전에 투자해야 됨을 강조하였다. 그래서 유럽국가 중 유일하게 미국에 경쟁할 수 있는 소위 거대과학 분야들, 즉 항공우주개발, 원자력발전 및 초고속전철 등의 연구개발에 매진하였다. 그것이 오늘날 프랑스를 일류 과학기술국가로 도약시킨 원동력이다. 그 만큼 과학기술정책에 대한 국가 지도자의 안목은 나라의 미래를 운명짓는 지름길이다.

영국의 저명한 은퇴 물리학자 지맨(Ziman)은 현대 과학을 '후기 학술과학(post-academic science)'으로 부르고 있다. 그것은 과거의 '학술과학'과는 달리, 과학연구가 집단적 활동으로 이루어지고, 연구후원기관의 거대 지원금이 필요하며, 순수연구와 응용연구의 경계선이 없으며, 그리고 연구주제와 목표도 연구자 개인의 선택보다 복합적인 이해집단에 의해 결정되는 것을 특징으로 한다. 이것은 곧 과학기술이 국가정책적, 집단적 뒷받침 없이는 어떤 발전도 기대할 수 없음을 의미하는 것이다. 그러므로 한국이 21세기 일류국가로 나아가기 위해서는 과학기술정책에 대한 대선 쟁점화는 너무나 당연하고, 절실한 과제이다.

그렇다면 어떤 것들이 대선 쟁점화될 수 있는 것들인가. 예컨대, 정부조직의 구조개혁에서 과학기술부를 어떻게 처리할 것인가 또는 언제까지 국가연구개발 투자액을 정부 예산의 5% 수준까지 올릴 것인가 등의 정책은 이제 너무 낡은 것들이다. 무엇보다 그들은 행정적 차원의 정책들이지 과학기술의 본질과는 거리가 멀다. 이제는 과학기술의 본질적인 과제들이 쟁점의 중심에 서야 한다.

정보기술(IT), 생명기술(BT), 나노기술(NT), 우주기술(ST), 환경/에너지기술(ET) 등의 분야들을 놓고 어떤 우선 순위로 국가전략을 선택할 것인가, 그것을 위해 연구인력 확보 방안은 무엇이고, 필요한 연구개발 예산은 어떻게 할당하며, 그리고 어떤 원천 기술을 기대하는가 등에 대한 청사진을 놓고 쟁점화가 전개되어야 한다. 동물 복제 및 유전자 조작

식품의 기술개발 범위와 보건안전성 검증에 대한 정책은 어떻게 할 것인지, 그리고 그들에 대한 소비자 판매는 무제한 허용될 것인지 등 또한 중대한 사안이다. 심지어 인간의 생명복제 기술개발도 배아복제에만 계속 국한시킬 것인지 등도 시급히 다루어야 할 과제이다.

더구나 삶의 질을 높이는 데 필요한 과학기술 정책과제는 무수히 많다. 대표적인 것이 보건의료 및 환경분야에 관계된 것들이다. 노령화 사회로 진입하면서 만연되고 있는 암 내지 성인병 퇴치를 위한 보건의료 정책, 공기 및 수질 오염을 근본적으로 줄이기 위한 기술정책 등은 국민들의 지대한 관심사항이다. 그럼에도 불구하고, 이런 미래 지향적 과제들이 무시되고, 기껏해야 지도자의 과거 행적 및 자녀 관리에 온통 국민의 정신을 앗아가도록 만드는 것은 우리나라 정치 지도자들의 비전부족에 기인한다고 볼 수밖에 없다.

그러나 과학기술의 '정치화'가 더딘 것은 일반 국민에게도 상당한 책임이 있다. 우리가 고민하고 있는 문제들을 스스로 과감하게 드러내지 않는 한, 정치 지도자들이 귀를 기울일 이유가 없다. 바로 그런 점에서 시민의 개별 걱정거리를 모아서 하나의 큰 목소리로 대변해 주는 시민단체의 역할은 너무나 중요한 것처럼 보인다. 이제 각종 시민단체는 과학기술정책에 대한 대선 쟁점화를 시도할 필요가 있다. 그것은 지금 국가지도자와 국가의 경쟁력을 동시에 높여주는 지름길인 것처럼 보인다.

[문화일보(포럼), 2002. 8. 16]

2장 성공적인 과학커뮤니케이션 하기

연구 조직의 지도력

이제 연구개발은 어느 한 사람의 독창적 아이디어로 이루어지지 않는다. 아이디어가 '연구'의 핵심일 수는 있지만, '개발'에는 오히려 자금이 핵심이다. 자금이 없이 아이디어를 현실적인 기술로 전환시키기는 불가능하다. 왜냐하면 아이디어의 실현에는 최고의 인재로 구성된 연구팀과 값비싼 연구 시설이 동원되기 때문이다. 대부분의 특허가 상업화로 나아가지 못하는 것도 기술개발을 지탱해 줄 자금력의 부족에 있다.

그리고 아무리 훌륭하게 개발된 기술이라도 홍보마케팅이 없이는 소비자에게 침투할 수가 없다. 홍보마케팅은 생산과 소비를 연결하는 또 하나의 첨단 기술이다. 그런데 그 기술은 위에서 개발한 하드웨어가 아니라 인간을 대상으로 하는 사회과학적 소프트웨어이기 때문에 더욱더 습득하기 어렵다.

만약 이 소프트웨어에 실패하면 생산과 소비는 단절되고, 그것은 자금력의 고갈을 가져와 결국 연구개발과 생산을 중단시킨다. 따라서 연구개발은 자금력, 홍보마케팅의 기반 위에서만 가능한 일이다.

많은 연구 인력, 풍부한 자금력, 치밀한 홍보 등의 요건을 만족시키기 위해서는 당연히 하나의 거대 집단이 필요하다. 영국의 저명 물리학자 지맨(Ziman)이 이름 지은 후기학술과학(post-academic science)의 특징도 바로 이런 점이다. 이것은 국가의 지원을 받는 공공연구기관과 대학에도 모두 해당된다. 그들도 우수한 연구 인력을 유지하기 위해서는 넉넉한 자금이 필요하고, 적극적인 홍보가 없이는 국가뿐 아니라 어느 누구도 그 자금을 보장하지 않는다. 이들을 확보하지 않는 한 우수한 연구개발을 기대하기는 불가능하다.

연구개발 집단은 이렇게 다양한 구성원으로 조직되어 있고, 있어야 한다. 그렇다면 그 조직의 운영에도 매우 유능한 지도력이 필수적이다. 그것은 연구를 잘한다고 해서, 자금을 잘 동원한다고 해서, 또는 홍보를 잘 한다고 해서 되는 일이 아니다. 그것은 이질적인 구성원들을 조화롭게 엮어서 조직의 목표를 향해 생산성을 높일 줄 아는 새로운 능력이다.

과학기술 연구조직이 엄청나게 파괴적인 노사 갈등을 겪고, 연구원이나 여타 구성원들이 심각한 사기 저하에 빠지는 것을 자주 목격한다. 나는 대부분의 원인이 거대 연구조직을 책임지고 있는 최고 책임자의 지도력 부재에 있다고 생각한다. 갈등의 소지를 사전에 철저하게 점검하고, 진솔한 대화와 타협을 통해 구성원 사이의 이해관계를 조정하고, 비전을 제시하면서 신뢰를 만들어나가는 지도력을 갖추지 못한 최고 책임자는 너무나 이질적인 구성원으로 조직된 거대 연구조직을 이끌어나갈 수가 없다. 그런 지도력이 부족한 최고 책임자는 오히려 연구조직 발전의 암적 존재로 기능한다.

한국의 연구조직에 대한 평가에서 지금까지 주로 연구 인력의 연구 활동 위주에 초점을 두어왔다고 볼 수 있다. 이제, 다른 주요 요인들, 예를 들면, 자금의 운용 능력 및 홍보마케팅의 활동도 연구 활동과 같은 무게로 평가할 필요가 있다. 그래야 그 세 가지 요소가 조직의 성공적 생존에 얼마나 중요한지를 깨닫게 할 수가 있다. 이것은 연구조직을 선진국형으로 바꾸는 또 하나의 길이라고 생각한다.

다음으로 연구조직 최고 책임자의 지도력에 대한 철저한 평가가 중요하다고 여겨진다. 특히 임기제가 보장되는 경우, 위에 언급한 지도력의 요건들을 기준으로 하여 '사전평가'를 철저히 할 때만이 조직의 실패를 예방할 수 있을 것이다.

그러나 장기적으로 더욱 필요한 것은 연구 인력, 즉 과학기술자에 대한 사회적 지도력 훈련이라고 생각한다. 그것은 연구조직의 최고 책임자가 연구 인력 중에서 반드시 배출되기 때문이 아니다. 오히려 아무리 하위의 연구 책임자라도 다수의 구성원으로 조직된 연구팀을 이끌 가능성이 높기 때문이다.

이제 사회적 지도력은 정치가의 전유물이 아니라 과학기술자 집단의 주요 화두가 될 때가 되었다는 생각이다. 자율시대로 나아갈수록 지도력은 더욱 필요하고, 그것은 과학기술자 집단에게도 예외가 아니다.

[디지털 타임즈(시론), 2003. 3. 5]

R&D와 커뮤니케이션 능력

$20$03년도 막바지에 다다르고 있다. 개인적으로 무엇을 성취했고, 사회에 어떤 것을 기여했는지 반성할 시점이 되었다. 솔직히 늘 연말은 부끄러운 회한과 새 희망이 교차되는 두려운 순간이다. 특히 지금처럼 두터운 어려움이 일상적인 삶의 곳곳에 스며들어 있는 상황에서는 더욱 그러하다.

그래서 차라리 새로운 희망을 언급하면서 지난 1년간 이 난을 메워온 나의 마지막 '시론'을 마무리하려고 한다. 비단 커뮤니케이션 학자이기 때문이 아니라, 어떤 공동체의 성공적인 삶도 그것을 이끌어가는 리더의 커뮤니케이션 능력에 결정적으로 달려있다고 여겨진다. 특히, 연구개발 집단의 성공은 더욱 그러하다는 것이 필자의 생각이다.

지금, 연구개발은 연구자 혼자만의 노력으로 성공을 이루지 못한다. 예를 들어, 연구개발의 목표 설정 때부터 전문 연구 활동과 무관한 전혀 다른 분야인 사업 전문가와 커뮤니케이션하지 않으면 안 된다. 이것은 곧 과학기술과 비(非)과학기술의 두 문화(two cultures) 사이의 갭이 초기부터 발생할 가능성을 가리킨다. 전문 연구개발자가 이 두 문화의 갭을 좁혀가면서 커뮤니케이션하지 못하면, 연구개발과 사업화는 결코 만날 수가 없고, 연구개발의 실패는 필연적이다.

또한 지금 연구개발은 여러 분야가 공동으로 협력해서 이루어지는 소위 종합 내지 복합기술력을 요구한다. 그러기 때문에 과학기술 분야에서도 전혀 다른 전문 분야들이 함께 주어진 기술과제를 극복하지 않으면 안 된다. 이것은 곧 다양한 전문 과학기술자들 사이의 커뮤니케이션 성공이 결정적일 수 있음을 가리킨다.

사실, 전문 과학기술자도 특정 분야를 벗어나면 거의 비과학기술자나 다름없는 문외한이다. 따라서 다양한 분야의 전문가들 사이의 커뮤니케이션은 더욱 힘든 측면이 있다. 여기에서도 연구개발팀의 리더는 그런 분야별 차이를 극복하는 커뮤니케이션 능력을 발휘해야 하는 상황이다.

이런 과정을 거쳐 연구개발이 성공적으로 이루어졌더라도 상업화로 나아가기 위해서는 넘어야 할 산이 많다. 예컨대, 상품화의 과정에 수반되는 투자자에 대한 설득, 소비자를 대상으로 한 마케팅 전략, 그리고 매스미디어를 대상으로 한 광고홍보 전략 등은 모두 커뮤니케이션 능력을 필수적으로 요구한다.

이제 국가의 과학기술 역량을 한 단계 높이기 위해서는 연구개발 책임자들에 대한 커뮤니케이션 능력을 훈련시키는 일이 하나의 시급한 과제로 등장하였다. 이것이 안되면 전문 과학기술 인력의 효율적 활용이 불가능해지고, 결과적으로 국가경쟁력이 자꾸만 뒤쳐질 수밖에 없는 상황이다.

이런 판단에 즈음하여 국가는 필자의 대학에 '과학문화아카데미'를 설립하도록 지원하였고, 현재 10주간의 제1, 2기 '과학커뮤니케이션 리더십 과정'이 진행되고 있다. 연구개발 책임자들을 대상으로 스피치, 토론, 홍보, 저술, 방송영상, 저널리즘, 온라인 커뮤니케이션 등 다양한 분야들에 대한 훈련이 이루어지면서 그들의 생동감 넘치는 즐거움을 쉽게 발견할 수 있다. 전문 과학기술자들이 사회적 리더로 성장할 수 있다는 자신감을 회복하는 길로 보여진다. 그리고 그것은 곧 연구개발의 사회적 성공을 낳으리라 믿는다.

2004년의 큰 희망으로, 국가의 성장 동력인 우수한 전문 과학기술 인력이 모두 커뮤니케이션 능력을 배양하는 한 해가 되기를 소망한다. 그래야 연구개발의 실질적 성공이 촉진될 것이다. 아울러 부안의 방사성 폐기물 처리장 논란, 새만금 방조제 공사 논란, 조류 독감, 사스 발생 등이 터졌을 때, 전문 과학기술인이 그들의 전문성을 갖고서 국민에게 해결방안을 제시하고 큰 소리로 이해시킬 수 있을 것이다. 이것이 바로 사회적 생산성이고, 합리적 사회로의 진보이다.

필자도 모처럼 맞이한 연구년을 통해 내년 1년을 연구개발 인력의 커뮤니케이션과 관련된 연구에 바칠 예정이며, 그 결과가 조금이나마 사회에 기여하기를 희망한다. 마지막으로 1년 동안 제 글을 읽어준 모든 분들에게 감사하며, 새해 복 많이 받으시길 기원한다.

[디지털 타임즈(시론), 2003. 12. 30]

2장 성공적인 과학커뮤니케이션 하기

이 시대의 과학기술자

19 78년, 78세로 세상을 떠난 저명한 인류학자 마가렛 미드 (Margaret Mead)는 아마 20세기가 낳은 가장 위대한 여성 중 하나일 것이다.

남태평양 원주민들의 삶에 대한 연구를 통해 그녀가 남긴 학술적 발견은 인간의 성격이나 남녀간 역할은 유전적 요인보다 사회적 환경에 의해 더 크게 영향받는다는 사실이다. 그리고 그녀의 사회적 기여는 문화인류학을 (사회)과학으로 승화시킨 점과 여성의 사회적 지위를 크게 높인 점들이다.

1957년, 미드는 과학자 이미지를 체계적으로 연구한 세계 최초의 논문을 저명 학술지 사이언스(Science)에 발표했다. 당시 수만 명의 미국 청소년들에게 과학자에 대한 에세이를 쓰게 한 뒤, 그것을 분석한 결과는 '과학자는 흰 가운을 걸친, 매우 총명하고 지적이지만, 비사교적인'이라는 이미지였다. 그런 과학자 이미지는 아직도 유효한 것처럼 보인다. 최근에 한 노르웨이 학자가 21개국의 청소년들을 대상으로 한 과학자 이미지 연구에서도 비슷하게 나타났다.

4월은 '과학의 달'이다. 아무리 부실한 정치(인)에 의해서 나라가 혼돈에 시달린다 하더라도, 그나마 나라의 버팀목과 안정을 지켜주는 것은 과학기술(인)이다. IMF 극복도 따지고 보면 우리가 쌓은 과학기술력으로 가능했던 것이다. 그런 '근본'에 대한 자각과 투자가 없는 국가는 결국 냉엄한 생존 경쟁에서 패퇴할 수밖에 없다. 다행히 지금 우리는 정부 예산의 4.1%가 연구개발에 투자되고, 5천 개가 넘는 민간연구소가 설립되는 놀라운 전환기를 맞고 있다. 이제 그들이 내실을 다질 수 있도록 국민적 관심과 감독이 동시에 요구되는 시점이다.

오늘날의 유행어인 벤처, 지식경제, 신지식인 등에서 과학기술자의 역할을 제외하면 무의미하다. 미래의 자산가치에 기반을 둔 벤처 투자가 기술개발로 그리고 기술개발이 산업생산 단계로 이어지기까지는 엄청난 간격이 존재한다. 무엇보다 그 중간 단계인 기술개발의 성과 없이는 벤처와 산업 모두 허공일 뿐이다. 엄격하게 말해서 '지식사회'의 강조는 그런 기술개발을 주도하는 과학기술자 사회의 중요성에 초점이 모아져야 한다.

다행히 필자의 최근 연구에 의하면, 우리 국민은 과학기술자에 대해서 매우 좋은 이미지를 갖고 있는 것으로 밝혀졌다. '똑똑하고 창의적이며, 첨단 기술을 개발하고, 국가 발전에 기여하는 연구자'라는 인식이다. 이런 과학기술자 이미지는 청소년들의 과학기술자 진출과 정부의 과학기술 분야 투자에 긍정적 효과를 미칠 것이다. 예컨대, 막대한 연구개발비가 소요되는 우주항공 기술이나 원자력 기술의 개발은 국민의 폭넓은 지지가 있을 때 더욱 촉진될 수 있다.

그러나 과학기술자들이 스스로에 대해서 갖고 있는 이미지는 일반인들만큼 좋지 않았다. 무엇보다 일반인 집단이나 과학기술자 집단 모두 과학기술자가 사회적으로 높게 존경받고 있지만, 경제적 보상에서는 다른 직업인들보다 훨씬 더 못하다고 평가하고 있었다. 이것은 곧 과학기술자의 사회적 역할 내지 지위와 경제적 보상이 서로 균형을 이루지 못하고 있음을 가리킨다.

그러므로 자본주의 사회의 특징인 경제적 보상이 낮은 한, 과학기술자의 긍정적 이미지가 오래 지속되지 못할 것이다. 따라서 과학기술자에 대한 경제적 보상체계를 재고할 필요가 있다.

비단 과학기술력의 향상뿐만 아니라 과학기술의 부정적 부산물을 줄이기 위해서도 과학기술에 대한 우리 모두의 관심과 감독은 필수적이다. 한 마디로 무지(無知)는 극단적인 신비화나 맹목적인 불신만을 낳을 뿐이다. 그러므로 과학관과 같은 과학문화시설을 확충하고 과학축전, 과학저술과 같은 과학문화 활동을 활성화하여 대중과 과학기술의 거리를 좁히는 과학문화 운동이 절실하다.

이제는 지난 날 마가렛 미드마저 남학생에게는 어떤 '과학자'가 그러나 여학생에게는 어떤 과학자의 '아내'가 되고 싶으냐고 물었던, 남성 위주의 과학기술자 이미지도 극복해야 한다. 그래서 4월은 과학을 생각하는 달이다.

기술사회의 리더십

1980년대 초부터 약 10여 년간 과천에 있는 중앙공무원교육원에서 강의한 적이 있다. 당시 그곳은 말레이시아 공무원들에게 가장 인기있는 연수기관이었다. 그들은 '동방을 보라(Look East)'는 구호 아래 과천까지 와서 우리의 행정 노하우를 배우며 선진화를 꾀하고 있었다.

지금 한국의 '행정'은 적어도 '법과 제도'에 관한 한 선진국 못지않은 높은 수준을 갖추었다고 판단된다. 많은 개발도상국 행정 관료들이 오히려 우리의 관리 능력을 배우러 오는 것만 보아도 알 수 있다. 누가 뭐래도 국가의 기둥인 행정관료 조직이 때로는 선진국의 법과 제도를 그대로 베끼면서 때로는 우리 실정에 맞게 수정하면서 국가 발전을 주도한 것이 사실이다. 그래서 법학 내지 행정학을 전공한 고시 출신들은 리더 중의 리더였다. 그러나 이제 선진국의 법과 제도를 참고할 망정 크게 배울 게 없는 상태로 발전했다.

다음으로 오늘날의 연간 국민소득 1만 달러 달성에 크게 기여한 것은 국가 자원 배분을 효율적으로 다룬 재정·경제직 관료조직이라는 판단이다. 산업발전의 방향을 짜고, 적은 국가자원으로 기업정신을 일깨운 그들의 노력은 칭찬받을 만하다. 그래서 지금도 재정경제부나 기획예산처는 자타가 공인하는 인재집단이 모인 곳으로 간주되고 있다. 무엇보다 국가예산을 적재적소에 배치하고, 엄격하게 관리하지 않는 한, 남미의 경험처럼 나라 살림이 큰 혼란에 빠질 것은 너무나 명백하다. 이런 국가 조직의 자원관리 능력도 이제 선진국 수준에 거의 도달했다는 생각이다. 이것은 지금 저개발국 대상 우리의 경제 원조 품목 중 하나로 등장하는 수준이다.

법과 제도, 자원 관리면에서 완전히 선진국 수준에 도달했음에도 불구하고 여전히 국가적 난제들은 해결로 나아가는데 엄청난 어려움을 겪고 있다. 예컨대, 원자력폐기물처리장 문제, 노사분규, 교통문제 등에 대해 법과 제도가 미비해서 또는 자원의 배분이 적절하지 못해서 국가가 이들을 해결하는데 어려움을 겪고 있는지 따져볼 필요가 있다.

물론, 어떤 문제든지 쉽게 해결될 수는 없다. 그러나 이제 법과 제도 또는 자원배분만으로 문제를 해결하려는 국가관료 조직의 관점이 바뀌어야 한다는 것이 필자의 견해이다.

원자력폐기물처리장 문제는 이제 원자력안전기술을 해독할 수 있는 관료가 정책을 입안할 뿐만 아니라 대국민 설득에 직접 나설 수 있을 때 해결에 다가갈 수 있는 것처럼 보인다. 노사분규도 이제 법과 제도만 갖고 안되며, 하물며 자원 배분의 접근법은 경쟁력 약화만 초래할 뿐이고, 오히려 고도의 커뮤니케이션 기술을 숙지하고 있는 국가관료가 더 필요한 실정으로 보인다. 교통문제도 근본적으로 교통의 핵심을 읽을 줄 아는 도시공학 내지 교통공학을 전공한 국가관료 집단의 영향력이 지배적일 때 그나마 해결의 실마리를 찾을 수 있는 것처럼 보인다.

한마디로 한국사회는 이제 기술사회로 접어들었고, 그런 만큼 기술을 해독할 수 있는 국가 조직이 필요한 시점이다. 법과 제도 및 자원 배분의 행정력으로 해결할 수 있는 시대를 벗어났다고 볼 수 있다. 모든 선진국이 추구하고 있는 '지식기반사회'의 논리도 기술사회의 문제점을 해결하는 데 전문적인 기술지식이 더 필요하다는 것이고, 그것을 위해 첨단 기술개발이 한층 요구된다. 그러나 그런 논리는 산업의 필요에 앞서 국가의 제반 문제를 책임지고 있는 국가 조직에게 더 필요한 실정인 것처럼 보인다.

지금 이공계 전공자 공직 진출을 확대하는 방안이 국가정책으로 떠오르고 있다. 지식기반사회를 선도해야 할 국가 조직에 기술을 해독할 수 있는 고급 관료가 더 필요한 것은 시대적 요청인 것처럼 보인다. 그러나 전문적인 기술지식 못지않게 정책관리 능력, 커뮤니케이션 능력을 갖추는 것도 동시에 매우 필요하다는 생각이 든다.

[디지털 타임즈(시론), 2003. 8. 11]

2장 성공적인 과학커뮤니케이션 하기

과학기술인의 정체

과학기술은 무엇인가. 자연현상에 대해서 의문을 던지고 응답을 끌어내려는 노력에서 '과학'이 탄생했고, 그것을 이용하여 주위에 산재되어 있는 다양한 문제들을 해결하려는 노력에서 '기술'이 번성했다. 따라서 과학기술은 본질적으로 문제 해결을 위한 인간의 지적(知的) 투쟁 과정이다. 그러므로 그 투쟁과정에 전문적으로 매달리는 과학기술인의 정체(正體)는 한마디로 문제해결사이다.

어디든 문제는 존재하고 그 문제를 해결하지 않는 한, 결코 변화는 일어나지 않는다. 개혁도 보다 나은 방향으로 변화를 추구하는 것이며, 그것은 곧 문제를 해결하자는 것이다.

그렇다면 과학기술인은 이 시대의 소명(calling)인 변화와 개혁의 첨병이다. 따라서 국가의 근본을 튼튼하게 뜯어고치자면서 과학기술인을 홀대하는 것은 변화와 개혁을 멈추자는 것이나 다름없다.

어떤 대상에 대해서 변화를 추구하기 위해서는 그것을 추진하는 주체는 정반대로 안정성을 유지해야 한다. 변화를 주도하는 주체와 변화의 대상인 객체가 모두 변화의 목표가 된 상태에서는 사실상 어떤 변화도 이룩할 수 없다. 예컨대, 척도를 '안정적으로' 유지하는 표준자를 이용할 때, 온도따라 달라지는 물체의 길이 변화를 정확하게 추적하고 그 물체에 대한 올바른 해석과 어떤 변형을 시도할 수 있다.

벤처기업이나 기술혁신도 문제 해결과 변화 추구를 가리킬 뿐이다. 그런데 그들을 주도하라고 하면서, 그 활동의 주체인 과학기술인을 너무 자주 흔들어대는 것은 어인 일인지 모르겠다. 이것이 바로 한국 과학기술계의 후진성을 반영한다. 주체인 과학기술인의 안정성을 어느 정도 유지시켜줄 때, 그들 주체가 객체에 존재하는 문제를 해결하고 개혁과 변화를 추구할 수 있다. 그렇지 않으면, 과학기술 '발전'이라는 '명확한 변화'를 성취할 수 없다.

진정 정권이, 장관이, 소장이 바뀐다고 해서 전문연구자들을 너무 자주 흔들어대서는 안된다. 일단 정책이 잡혀지면 최소한 5~10년은 과학기술인들이 안정적으로 그 정책에 맞추어 문제 해결, 변화, 아니 개혁을 성취할 수 있도록 도와주어야 한다. 끊임없이 흔들어대는 나무에서 무슨 굵고 알찬 열매가 달리겠는가.

[매일경제(매경춘추), 1999. 9. 28]

2장 성공적인 과학커뮤니케이션 하기

보다 나은 강연을 위한
커뮤니케이션 기법

아이들을 키우면서 자주 우리는 당혹스런 질문을 받는다. 예컨대, 아이가 어떻게 태어나는지에 대한 것에서부터 대통령은 왜 필요한지, 과학자는 뭐하는 사람인지, 또는 왜 공부를 해야 하는지 등등의 질문에 접한다. 그 중에서도 순간적으로 막막하게 만드는 질문 중 하나는 아빠는 어떤 일을 하는지, 무엇으로 돈을 버는지, 그리고 하는 일이 재미있는지 등등에 관한 것이다. 정직하게 표현해서, 나처럼 '사회과학자'인 경우에도 내 딸과 아들이 청소년이었을 때 물었던 그런 질문에 순간적으로 쉬운 대답이 떠오르지 않아 난감했던 적이 있다. 하물며 평생을 동반자로 지내는 아내가 가끔 내가 하고 있는 특정 연구와 그것이 사회적으로 어떤 중요성을 갖고 있는지에 대한 질문을 던질 때도 속으로 진땀을 흘릴 때가 한두 번이 아니다.

한편, 나는 대학에서 벌써 20년 이상 가르치고 있다. 그러므로 일반적으로 내 스스로 강의에 꽤 자신감을 갖고 있으며, 가끔 요청이 들어오는 성인들을 대상으로 한 대중 강의에서도 나름대로 나쁘지 않은 평가를 받는다고 생각한다. 실례로 강사에 대해 엄격한 평가를 내리는 정부의 중앙공무원교육원에서 발간한 '명강의선집'에 내 강의가 들어 있었다는 것을 말한다면 너무 자화자찬이 아닌지 모르겠다.

그러나 나는 또한 참혹하게 실패한 경험을 고백하지 않을 수 없다. 모교는 아니지만 고향의 어느 고등학교로부터 전(全)학년 학생들을 대상으로 청소년에게 유익한 강연을 좀 해달라는 부탁을 받았다. 그래서 '21세기 한국과 청소년의 미래'라는 강연 제목을 미리 학교측에 전달해 주면서, 동아시아 중심의 세계 변화와 청소년의 희망찬 미래를 설명하겠다고 했다. 그러나 약속한 날, 엄청나게 큰 강당에 모인 학생들을 대상으로 강연을 시작한 지 단 10분도 안되어 내 강의가 전혀 학생들의 귀에 들어가지 않고 있는 것을 쉽게 발견할 수 있었다. 학생들의 떠드는 소리가 곳곳에서 들리기 시작했고, 나를 쳐다보던 얼굴들이 점차 고개를 숙인 모습으로 변하기 시작했다. 목표한 강의 내용이 청소년에게 너무나 중요하다는 일념 하나로 나의 목소리는 점점 더 커져갔지만, 실제로는 허공에 질러대는 나만의 독백에 불과했다.

위의 사례들은 성인들을 대상으로 한 것보다 청소년을 대상으로 한 커뮤니케이션이 얼마나 어려운지를 가리키고 있다. 특히, 과학기술 연구에만 전념하고 있던 또는 대학생 내지 대학원생만을 대상으로 가르치고 있던 전문과학기술자가 초등학생부터 중·고등학생에 이르는 청소년들을 대상으로 커뮤니케이션한다고 할 때, 성공적인 커뮤니케이션이 일어나기는 결코 쉽지 않을 것이다.

그렇다면 청소년을 향한 과학자의 커뮤니케이션이 성공하기 위한 필수 조건들을 살펴보는 것은 과학기술 앰배서더 사업을 성공으로 이끄는 데 너무나 중요하다.

첫 번째로 가장 명심해야 할 과학커뮤니케이션의 원리는 풍부한 과학지식을 전달한다고 해서 과학에 대한 호감도가 비례하여 올라가는 것이 아니라는 점이다.

예를 들어, 중·고등학교에서 수학, 과학에 대한 수업시간은 어느 과목보다 많이 할당되어 있으며, 그런 만큼 학생들이 그 과목들을 반드시 비례하여 좋아하는 것이 아니다. 오히려 싫어하는 정도가 더욱 높다고 하는 편이 나을 것이다. 이것은 곧 청소년의 과학기술 지식이 매우 얕다는 전제 아래 풍부한 정보 전달이 너무나 중요하다는 강박감을 가질수록 커뮤니케이션이 실패할 확률이 높다는 것을 말해준다. 어쩌면 그렇게 될 경우 과학기술과 과학기술자에 대한 혐오증 내지 증오심만 더 키워줄 가능성이 높다고 말할 수 있다. 그렇다면 과학기술 앰배서더 사업은 오히려 청소년들에게 본래의 목표와는 정반대 효과만 불러올 수 있다.

그렇다면, 가장 바람직한 커뮤니케이션 원리는 주어진 시간 안에 핵심적인 주제 한두 개만 집중적으로 커뮤니케이션하는 것이다. 다시 말해서 청소년이 쉽게 소화할 수 있는 얘기 꼭지 한두 개를 중심으로 풀어나가는 것이 오히려 과학기술과 과학기술자에 대한 호감을 높이는 가장 확실한 방법이라는 점이다.

두 번째로 중요한 과학커뮤니케이션 원리는 정보공급자의 관점보다 정보소비자의 관점에서 주제를 잡아야 한다는 점이다.

예를 들면, 과학기술 앰배서더가 초청받은 초·중·고등학교에 가서 평생에 걸쳐 하고 있는 자신의 고매한 연구분야를 소개한다고 했을 때, 그것은 학생들에게 과학의 중요성이나 과학자의 매력을 불러오는데 완벽하게 실패할 확률이 높다. 오히려 '과학은 어려워!' 또는 '과학자는 미친 사람이야' 하는 반응을 불러오고, 그것은 거꾸로 청소년의 이공계 기피현상을 부채질 할 가능성이 훨씬 높다. 다시 말해서, 정보공급자인 과학기술자의 관점에서 잡은 주제는 이미 정보소비자인 청소년의 관심사항과 너무 멀어져 있기 때문에 어떤 종류의 관심도 불러오기 어렵다고 하겠다.

그렇다면 과학자에 대해 청소년들이 갖고 있는 인상과 관심사항들이 무엇인가를 알아보는 것이 중요하다. 필자는 최근 전국의 청소년을 대상으로 그들에 대해 알아보았다(김학수, 2002).

그 결과, 과학자에 대해 의미있게 남아있는 인상은 발명, 실험 및 연구 관련 활동, 매우 똑똑하다는 인간적 특성, 에디슨과 아인슈타인으로 특징지어지는 주요 과학자, 로봇, 컴퓨터, 우주선 등과 같은 발명품 중심으로 구성되어 있었다. 그리고 과학자에 대한 관심사항으로는 과학자가 된 동기와 시기, 실생활과 연관된 지금까지의 연구 성과, 일이 힘든지 또는 재미있는지에 대한 직업 평가, 그리고 현재 논란이 되고 있는 인간복제 등에 대한 지적 호기심 등이 가장 많은 분포를 차지하였다. 이런 인상과 관심사항은 곧 정보소비자 관점에서 한국 청소년의 현주소라고 보아도 틀림없을 것이다.

과학기술 앰배서더는 먼저 청소년이 갖고 있는 과학자에 대한 인상을 숙지하고 학생들 앞에 나설 필요가 있다. 그래야 그들의 선입관과 자신의 발언 내용이나 행동을 조절할 수 있기 때문이다. 즉, 학생들의 인상을 사전에 알고 있으면, 어떤 발언을 하더라도 그것에 대한 반응을 쉽게 예측할 수 있기 때문에, 학생들과 교감을 이루는 데 용이할 수 있다.

그러나 무엇보다 중요한 것은 청소년의 과학자에 대한 관심사항들이다. 앞에서 본 것처럼, 매우 평범한 것들이 과학자에 대한 청소년의 궁금사항이다. 따라서 거창하게 자기가 하고 있는 연구나 심오한 원리를 전달하려고 하지 말고, 자신의 인생역정이나 직업적 보람 등을 가지고 이야기를 풀어나가는 것이 좋다고 보여진다. 설사 자신의 연구분야를 거론하더라도 실생활과 밀접한 연결을 지어주는 것이 좋고, 아니면 인간복제처럼 시사성이 높은 토픽을 다루는 것이 청소년의 관심을 끌 수 있는 지름길이다.

아마도, 과학자에게 위와 같은 내용들은 너무나 시시한 것들이고, 고작 그런 이야기를 하기 위해 귀중한 시간을 내어 청소년을 만난다는 것은 시간낭비라고 생각할 지 모른다.

그러나 아무리 심오한 이야기를 한들 수용자가 전혀 관심을 보이지 않거나 이해하지 못한다면 그것이야말로 완벽한 시간낭비이다. 따라서 청소년의 관심사항이 아무리 시시한 것일지라도 그것에 초점을 맞추어 이야기를 전개해야만 관심과 호응, 나아가 과학기술 및 과학기술자에 대한 바람직한 인상을 심어줄 수 있다.

세 번째로 중요한 과학커뮤니케이션 원리는 상대방과 평등한 관계를 꾸며가는 길이다. 근본적으로 상대방을 평등한 관계로 생각하지 않으면, 강연이 아무래도 권위적이게 되어 상대방으로 하여금 자유로운 마음을 허용하지 못하게 된다. 앰배서더 활동은 군대나 직장 조직처럼 명확한 상하관계 속에서 명령 체계를 통하여 어떤 생산성을 올리자는 것이 아니다. 오히려 과학자와 청소년 사이에 상호이해를 높여, 과학 내지 과학자의 세계에 대한 보다 높은 이해를 도모하자는 것이 앰배서더 활동의 목표이다. 따라서 아무리 저명하고 권위있는 과학자라도 청소년과 평등한 인식을 갖고서 이야기를 전개하면 그들이 훨씬 쉽게 마음의 문을 열게 된다.

그런 평등한 관계를 촉진시켜 주는 몇 가지 대화 방법이 존재한다(김학수, 1998). 우선 "우리 함께…" 또는 "같이 토론…" 등과 같은 용어를 자주 쓸 필요가 있다. 이런 용어들은 저절로 화자(話者)의 위치를 낮추고 청자(聽者)와 동등한 관계로 이끌어주는 힘을 갖고 있다. 이것은 곧 청소년으로 하여금 자연스럽게 마음의 문을 열게 할 수 있다. 그런 열린 마음에서만이 과학기술자의 이야기가 보다 편한 모습으로 청소년에게 다가올 수 있다.

무엇보다 청소년에게 가벼운 질문을 던지거나 코멘트를 요청하는 것도 그런 평등한 관계의 대화를 유도하는 좋은 방법이다. 그러나 과학자들이 자주 과학적 질문을 던지는 경향이 있는데, 이것은 청소년에게 오히려 공포감이나 위협을 조장할 수 있다. 왜냐하면 그들은 무식함이 드러나는 것에 대한 심한 공포 내지 열등의식을 느낄 수 있기 때문이다. 따라서 가벼운 질문이나 코멘트 요청은 그야말로 가벼운, 누구나 대답할 수 있는 그런 것들이어야 한다. 예를 들면, 여러분의 집안에 과학자가 있느냐? 무슨 일을 하느냐? 등등.

이렇게 마음의 문을 열게 하는 평등한 관계의 대화가 유도될 경우, 청소년들은 쉽게 궁금한 것들을 물어볼 가능성이 있다. 그럴 경우, '주관적인 느낌이나 감정'을 솔직하게 표현하도록 허용하는 것도 매우 중요하다. 간혹, 동료들을 웃기기 위해, 심지어 과학자를 우습게 만들기 위해, 또는 매우 거친 단어나 유행어를 사용하여 분위기를 흐트리는 질문이 나타날 수 있다. 그러나 그런 상황도 적절하게 용인될 때, 궁금한 모든 것들이 제기되고, 그로 인하여 청소년의 이해를 촉진시킬 수 있다.

네 번째로 중요한 과학커뮤니케이션 원리는 만약 본격적인 과학적 주제를 다룰 경우 가급적 직접적 설명보다 간접적 설명 방법을 활용하는 것이다. 과학기술의 주제는 대부분 복잡한 원리를 동반하기 때문에 비전문가들에게 그것을 짧은 시간 안에 직접적인 방법으로 설명하여 이해시키는 것은 거의 불가능하다. 청소년을 대상으로 한 수학, 과학교육이 실패하는 이유도 주로 과학교사들의 그런 직접적 설명 방법 때문일 가능성이 높다. 따라서 간접적 설명 방법으로 자주 활용되는 '사례, 비유, 그림, 사진, 영상' 등을 적극적으로 활용하는 것이 매우 효과적이다.

이런 간접적 설명 방법을 구현하기 위해서는 과학적 주제에 동원될 수 있는 다양한 소재들을 미리 준비해서 갖고 갈 필요가 있다. 요즈음 유행하고 있는 영상물을 이용한 강의 내지 강연이 인기를 끄는 이유도 그런 간접적 설명 방법을 동원하여 주제에 대한 이해를 구할 수 있고, 나아가 수용자의 주목을 끌 수 있다는 장점 때문이다. 따라서 집중도나 이해력에서 아직 미숙한 청소년을 대상으로 하는 과학기술자의 프레젠테이션에는 더더욱 간접적인 설명방법을 적극적으로 활용하는 것이 효과적인 커뮤니케이션을 도모할 수 있는 길이다.

이상, 청소년을 대상으로 한 과학기술자의 앰배서더 활동에 필요한 몇 가지 과학커뮤니케이션 원리들을 소개하였다. 앞에서 본 필자의 실패작도 비록 과학적 주제에 관한 것은 아니었지만, 이런 원리들을 망각한 채 준비없이 대처했기 때문이라고 생각한다. 따라서 먼저 본격적인 활동에 나서기 전에 자신의 가족, 친지, 교회 등의 청소년을 대상으로 사전 연습을 해 보거나 최소한 자문을 구해보는 것이 매우 중요하다고 생각한다. 그래야만 야기될 수 있는 문제점들을 미리 점검할 수 있고, 나아가 본 무대에서 과학기술자가 바라는 앰배서더의 역할을 효과적으로 수행할 수 있을 것이다.

[동아 사이언스]

〈참고문헌〉
- 김학수(2002), 「청소년의 과학기술자 이미지 전국조사연구」, 과학기술부 정책연구 최종보고서 2002-4
- 김학수(1998), 『전문과학기술인의 바람직한 설명방식』(제1회 APEC 청소년 과학축전용 체크리스트), 서강대 신문방송학과 과학커뮤니케이션 교과목 부교재

제 2 부

과학문화의 현재와 미래

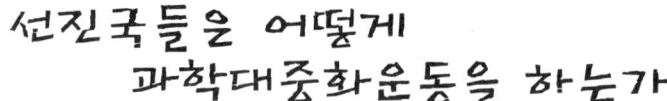

1장 세계의 과학문화

선진국들은 어떻게 과학대중화운동을 하는가

여야 정권 교체를 통해서 성숙한 민주국가 대열에 끼이게 된 것만으로 만족하고 있을 시기가 아니다. 여전히 어려운 경제 여건이 가까운 시일내에 호전될 것 같지 않다. 튼튼한 기초를 마련하지 않고 마냥 팽창 경제만을 지향하던 거품 한국이 오늘의 난국에 처한 것은 어쩌면 당연한 귀결이다.

사실 경제를 떠받치는 것은 기본적으로 과학기술력이다. 과학기술력을 증진시키지 않고는 국제경쟁력을 갖춘 제품 생산이 불가능하다. 따라서 과학기술력의 정체(停滯)는 곧 국가경쟁력의 낙후와 경제적 난국으로 이어진다. 이런 문제를 예방하는 길은 전 국민이 과학기술력을 높이는 데 적극적으로 동참하는 일이다.

따지고 보면 선진국들도 오늘의 우리와 같은 난국을 비슷하게 경험하였다. 1980년대에 미국은 자동차 기술의 낙후로 일본과 독일의 경제력에 의해 추월당한 적이 있으며, 영국을 비롯한 유럽국가들은 사회복지만을 강조한 나머지 국가 파탄에 이른 적이 있으며, 심지어 일본도 약 7~8년 전에 거품 경제의 몰락으로 지금까지 후유증을 겪고 있다. 이들 선진국들이 깨달은 것은 전 국민이 참여하여 과학기술력을 지속적으로 발전시키지 않고는 순식간에 이류 국가로 전락할 수 있다는 점이다.

선진국들에서도 과학기술력의 발전은 주로 전문 과학기술인들에 의해 전담되었다. 그러나 이제는 그들도 비전문가들인 전 국민의 참여가 얼마나 중요한지를 절실하게 느끼고 있다. 왜냐하면 일반 대중의 관심없이는 과학기술 분야에 투신하는 청소년들을 확보할 수 없고, 전 국민의 지원과 지지 없이는 막대한 자금이 소요되는 과학기술 연구를 지속적으로 수행할 수 없기 때문이다. 바로 여기에서 전 국민과 과학기술을 밀착시키려는 소위 과학대중화운동이 국가적 과제로 떠올랐다. 그것만이 일류 국가를 유지할 수 있는 비결이라고 믿고 있다.

일반 대중을 과학기술에 가깝게 할 수 있는 길은 무엇일까. 과학기술 박물관, 과학관 내지 기술관 등을 많이 설립하여 과학기술 관람을 일종의 생활문화활동으로 유도하는 것은 과학기술을 대중화시키는 가장 전통적인 방법이다. 유럽연합은 일본과 미국의 과학기술 발전에 유럽 전체가 위협을 느끼면서 1980년대에 다양한 과학관 설립을 독려하는 정책을 채택하기도 하였다. 따라서 핀란드, 덴마크, 네덜란드 등에서 초현대적인 신과학관들을 시범적으로 설립하기도 하였다.

그러나 뭐니뭐니 해도 일반 대중으로 하여금 과학기술에 친근하게 접근시키는 길은 과학기술 주간을 설정하고, 과학축전 등을 개최하는 일이다. 과학기술에 대한 일종의 놀이마당을 제공함으로써 일반 대중이 쉽게 접근하여 즐기도록 하는 것이다. 그 결과 일반 대중이 과학기술에 대해 보다 높은 관심을 갖게 되고, 과학기술을 보다 쉽게 이해하게 되며, 나아가 과학기술에 대하여 보다 좋은 태도를 형성하게 되는 것을 기대한다.

과학축전을 가장 오랫동안 개최한 나라는 영국이다. 영국은 세계에서 가장 오래된 민간 과학자 단체인 과학진흥협회(BAAS)의 연차총회를 전문가들의 학술발표마당에서 일반 대중을 위한 일종의 과학축전으로 점차 전환해갔다. 이것은 매년 전국 주요 도시를 순회하면서 8월말과 9월초 사이에 열리며, 약 4~5천 명의 일반 대중이 참여하는 강연회, 전시회, 시범대회 등의 행사들로 짜여져 있다.

뿐만 아니라 영국 북부 스코틀랜드 주의 에딘버러 시에도 1989년부터 4월 부활절 휴가기간을 이용하여 국제과학축전을 매년 개최하고 있다. 이것은 스코틀랜드의 주도이며 축제의 도시인 에딘버러를 과학기술 중심도시로 발전시키려는 목적에서 탄생하였다. 이 과학축전의 특징은 음식, 육체 등처럼 매년 친숙한 주제를 걸고서 관련 과학기술을 대중화시킨다는 점이고, 약 300개의 프로그램들이 펼쳐진다.

이것도 모자라 영국 정부는 1994년부터 국가과학공학기술주간(National Week of Science, Engineering, and Technology)을 3월 중순경에 설정하여 전국적으로 대대적인 과학축전행사들을 개최하고 있다. 그 첫 주간에만도 전국 230개 이상의 지역에서 약 1,200개의 과학관련 행사들이 열렸었다. 이렇게 정부까지 발벗고 나서서 일반 대중을 향해 과학축전을 대대적으로 여는 이유는 과학기술력 증진을 통해서 쇠락해진 영국의 국가경쟁력을 근본적으로 치유해보겠다는 전략 때문이다.

유럽의 가장 발전된 나라 중 하나인 네덜란드에서조차 과학기술에 대한 청소년들과 일반 대중의 관심이 감소해지는 데 특별히 주목하기 시작했다. 그 결과 왕실의 특별하사금으로 과학기술국민이해재단(PWT)이 1986년에 설립되어 과학대중화운동을 본격적으로 펼치기 시작하였다. 그리고 1994년부터는 공식적으로 과학축전을 개최하고 있다.

이런 과학주간의 설정과 과학축전의 개최는 마침내 과학기술력의 쇠퇴에 위협을 느끼고 있던 전 유럽국가들을 자극하기에 이르렀다. 그 결과 유럽연합은 1993년 11월에 첫 유럽과학문화주간(European Week of Scientific Culture)을 선포하였고, 1995년에만도 전 유럽의 약 500개 이상의 단체들이 각종 행사들에 참여하였다.

비단 유럽뿐만 아니라 세계 최강국인 미국도 과학기술력에 대한 위기를 1980년대에 크게 느꼈다. 과학기술 분야를 전공하려는 청소년들의 수는 급격하게 감소했으며, 실제로 과학기술력의 총 집결체인 자동차 기술이 일본과 독일에 크게 뒤떨어졌다. 이런 위기를 극복하기 위해서 1985년에 처음으로 4월 중순을 국가과학기술주간(National Science & Technology Week)으로 설정하였다. 그 때부터 과학재단이 중심이 되어 매년 기업들의 후원을 받아 청소년들의 과학기술 관심을 높이기 위한 다채로운 행사들을 전국적으로 실시하고 있다.

일본은 4월 18일 발명의 날을 기념하여 1960년에 이미 과학기술주간을 설정하여 매년 전국적인 행사들을 개최하고 있다. 그러나 일본도 최근에 일본의 미래 과학기술력에 위기감을 느끼기 시작했다. 그것은 1993년의 과학백서가 밝힌 것처럼 청소년들의 과학기술 분야 이탈현상이 급격하게 일어나고 있기 때문이다. 따라서 1992년부터 매년 여름에는 청소년들을 위하여 전국적으로 과학캠프를 운영하기 시작했으며, 전국의 과학관 내지 기술관들을 초현대식으로 개조하고 있다.

이들 외에도 풍부한 자연자원을 갖고 있지만 전문인력 및 과학기술력의 부족을 느끼고 있는 호주, 캐나다 등이 과학기술 주간과 과학축전을 통해서 전 국민의 과학기술 참여를 높이려고 노력하는 것도 주목할만하다.

또한 선진국의 과학대중화운동은 언론매체를 적극적으로 활용하는 것을 잊지않고 있다. 특히 과학기술 전문 유선방송채널을 활용하여 전국민에게 과학기술을 홍보하고 있다. 이런 영상매체만큼 일반 대중을 과학기술에 쉽게 밀착시킬 수 있는 수단은 없다. 어쩌면 과학기술박물관의 설립 및 유지보다 더 적은 비용으로 더 높은 효과를 얻을 수 있는지도 모른다.

선진국들은 이렇게 도처에 과학기술박물관들을 세우고, 국가과학기술주간을 설정하고, 매년 전국적인 과학축전을 개최하고, 심지어 과학기술 전용 영상매체까지 운영하고 있는 실정이다. 그러나 우리는 이들 중 어느 하나도 제대로 하지 못하고 있다. 그렇다면 어떻게 이 경제적 난국을 근본적으로 치유할 수 있겠는가. 참으로 1998년은 과학대중화운동을 본격적으로 실천해야 할 시기이다.

[매일경제, 1998. 1. 5]

대만을 배우자

아름다운 섬이라는 뜻을 가진 폴모사(Formosa), 이것은 네덜란드가 점령했을 때 이름 붙인 대만의 옛 지명이다. 중국 본토는 물론 일본, 네덜란드, 심지어 스페인의 지배까지 받았던 질곡(桎梏)의 땅이 세계화시대에 와서는 오히려 원초적 국제성을 갖춘 보물섬으로 변해버렸다. 어쨌든 최근에 대만 정부의 국가과학위원회 초청으로 많은 곳들을 둘러볼 수 있었다.

우리의 15대 대통령 취임식을 일본 NHK방송의 생중계로 대만에서 시청하면서 국경 없는 시대를 절감하였다. 김대중 신임 대통령이 IMF 시대의 고통과 국민의 희생을 호소하는 그 날, 대만은 지난해 모든 근로자의 매월 평균 임금이 약 1,177달러(약 200만 원)에 이르렀다는 통계를 발표하였다. 인플레이션을 감안한 실질상승에서 이 임금은 수년내 가장 높은 상승을 기록한 것이라고 한다. 그리고 외화보유액이 일본과 경쟁할 정도로 800억 달러를 넘고 있으니 우리의 외환 위기와는 근본이 다른 것이다. 인구는 우리의 절반이고 국토는 우리의 1/3에 해당되는 작은 섬나라이지만 대만 국민들은 꼭 우리의 두 배 이상 알부자들이다.

그럼에도 불구하고 대만인들은 늘 '한국을 배우자'라는 슬로건에 매료되어 있었다. 하나는 그들의 중소기업 중심보다 한국의 재벌 중심의 경제발전을 배우자는 것이었고, 다른 하나는 그들의 느려빠진 정치민주화보다 한국의 화끈하고 진보적인 정치 발전을 배우자는 것이었다. 이제 그들은 우리의 IMF 사태를 보면서 전자의 생각을 버렸고, 후자의 생각은 아직도 유효한 것처럼 보인다. 대만의 식자층은 DJ의 승리를 보면서 그들의 2년 후 여야정권 교체를 기대하는 눈빛이 역력했다.

동아시아 대부분의 나라들이 외환 위기의 구렁텅이에 빠져있는 반면에 유독 일본과 대만만이 IMF 한파와는 무관하게 경제 안정을 유지하고 있다. 그렇다면 이제 우리가 내걸어야 할 슬로건은 모든 면에서 우리보다 월등히 낫고 또한 배울만한 것을 이미 많이 배운 '일본을 배우자'에서 '대만을 배우자'로 옮기는 일이다.

그렇다면 무엇을 가장 먼저 배워야 할 것인가. 말할 나위도 없이 중소기업 중심의 개미군단 육성이다. 기본적으로 모든 개체는 몸이 가벼워야 진출입이 용이해지고, 위기에 대처할 수 있는 유연성이 있으며, 그리고 생존에 실패할 경우에도 전체에 미치는 위험 부담이 적다.

다음으로 대만으로부터 배울 수 있는 점은 첨단산업 발전을 위한 과학공원(Science Park)의 활용이다. 우리의 과학공원인 대덕단지가 연구소들을 모아놓은 일종의 연구공원(Research Park)인 반면에 대만의 과학공원은 정확하게 말해서 '첨단과학 연구 및 산업 복합단지'라고 볼 수 있다. 지금은 남부지역에도 하나 더 조성했지만, 가장 오래된 과학공원은 타이페이에서 자동차로 1시간 30분쯤 떨어진 신쭈(新竹)지역의 과학공원이다. 그곳에는 약 200개 이상의 연구소들과 공장들이 함께 입주해 있는데, 그 공장들이 바로 대만 경제 발전의 핵심을 이룬다.

　정부가 조성한 그 과학공원은 개인기업에게 매우 싼 값으로 땅을 50년 동안 빌려주고, 기업은 공장 건설과 운영만 하면 된다. 단, 그 기업은 반드시 공해 없는 첨단산업 제품을 제조해야 한다. 따라서 대만의 첨단기업들은 세계에서 땅값이 가장 비싼 나라 중 하나인 자국에서 공장부지를 마련하는 데 소요되는 어려움을 극복한다. 이것이 곧 대만을 2005년까지 첨단 과학기술 중심의 섬으로 전환시키려는 국가 목표의 원천이다.

　마지막으로 우리가 대만으로부터 배워야 하는 것은 동아시아의 첨단산업 및 경제중심지로 발돋움하기 위해 체계적으로 추진하는 개혁적, 개방적 국가기조이다. 현재 6개 분야를 각각 다룰 센터를 만들어 1995년부터 2년 단위로 개혁프로그램을 추진하고 있다. 예컨대, 대만을 동아시아의 텔레커뮤니케이션산업 중심지로, 미디어산업 중심지로, 제조산업 중심지로, 금융 중심지로, 외국 기업들의 아태지역 본부로, 그리고 동아시아의 가장 효율적이고 봉사적인 정부를 가진 나라로 만드는 데 필요한 과제들을 다루는 각 센터들이 계획대로 개혁을 이루어 나가고 있다.

　미국과 일본을 따라잡겠다고 과시욕에 불타던 거품을 버리고, 이제 우리와 비슷한 환경에서 경쟁했던 대만으로부터 배우는 것이 오히려 더 현실적이다. 개미군단의 견고한 경쟁력에 덧붙여 21세기 동아시아의 과학기술 중심지로 전환하려는 청사진이 우리에게 보다 시사적인 것을 깨달을 필요가 있다.

[문화일보, 1998. 3. 17]

유럽의 과학기술 전시문화

과학기술 전시문화가 주로 구현되는 곳은 과학기술박물관 내지 과학기술관으로 불리워지는 과학기술전시문화관이다. 그러나 과학과 기술을 그리고 박물관(museum)과 센터(center)를 분리한다면, 네 가지 전시문화관이 존재할 수 있다. 즉, 과학박물관(science museum), 기술박물관(technology museum), 과학관(science center) 그리고 기술관(technology center) 등의 분류가 가능하고, 실제로 그렇게 분류된 문화전시관들이 많이 존재하고 있다.

그러나 또한 과학박물관, 과학관 속에 기술도 포함하는 경우가 많으며, 심지어 역사적인 유물들을 중심으로 전시하는 박물관과 과학의 원리들을 쉽게 해석해주는 데 초점을 둔 과학관의 구분도 없이 사용하는 경우도 많다. 따라서 통칭 과학기술전시관은 그 모든 것들을 모두 포함한다고 여겨진다.

유럽의 과학기술전시관은 1980년대부터 대변혁을 겪었다고 볼 수 있다. 가장 뚜렷한 특징은 전통적인 과학박물관 중심에서 과학관 중심으로 변했다고 볼 수 있다. 유럽의 청소년들이 과학기술에 대한 관심을 잃어가고 있었기 때문에, 어떻게 하면 청소년들의 과학기술에 대한 관심을 높일 수 있는가에 초점이 맞추어지면서 과학관 건립의 중요성이 부각되기 시작했다. 또 하나의 이유는 유럽의 기술력이 미국은 물론 일본의 기술력에 뒤떨어지는 것에 대한 반성으로부터 과학기술관에 대한 관심이 커지기 시작했다. 즉, 그것을 통해서 청소년들의 과학기술에 대한 관심과 실력을 근본적으로 향상시킬 때, 그들이 성장하여 미국과 일본의 기술력 발전에 대항할 수 있을 것이라는 생각을 갖기 시작했다.

유럽의 과학기술전시관 부흥 운동은 또한 유럽통합을 목표로 하는 유럽연합의 공동체적인 유대감과 공동 발전 노력에 크게 힘입은 바 크다. 예컨대, 유럽지역발전기금(European Regional Development Fund)은 1991년 북아일랜드의 Derry에 예정되어 있는 Ulster Science Centre를 건설하는 데 상당한 자금을 지원하기도 했다. 이렇게 유럽연합이 공동의 노력을 통해서 새로운 과학기술전시관을 건립하는 것은 회원국들에게 상당한 자극이 될 수밖에 없다.

아울러 유럽 과학기술전시관들의 상호협력을 목표로 한 단체인 '과학산업기술전시 유럽협의회(ECSITE ; The European Collaborative for Science, Industry & Technology Exhibitions)'의 결성과 활동은 각 나라의 과학기술전시관 활동을 더욱 활성화시켰다고 볼 수 있다. 이것은 미국 중심의 세계 조직인 '과학기술관협회(ASTC ; The Association of Science-Technology Centers)'와는 달리 유럽 지역의 과학기술전시관들끼리 정보를 교환하고 상호 발전을 도모하는 데 목표를 두고 있다. 예컨대, 뉴스레터를 발간하여 유럽의 과학기술전시문화를 육성하는 데 도움을 주고 있다.

세계적으로 유명한 과학기술전시관은 영국 런던의 Science Museum, 미국의 수도 워싱턴의 Smithsonian 박물관들과 방문객이 전시물을 직접 조작할 수 있도록 설계한 소위 상호조작(interactive exhibition)의 효시인 미국 샌프란시스코의 Exploratorium, 프랑스 파리의 Parc La Villette, 일본 동경의 우에노 공원 내에 있는 국립과학박물관, 그리고 캐나다 토론토의 Toronto Science Centre 등이 있다. 그 외 유럽에서는 뮌헨과학박물관, 스페인 바로셀로나의 과학박물관, 덴마크 코펜하겐의 Experimentarium, 핀란드의 과학관 Heureka 등 각 나라 및 주요 도시마다 과학기술전시관들이 무수히 많다.

유럽의 과학기술전시관들 중에서 아마도 새로운 전시관 운동의 본보기 역할을 가장 먼저 보여준 것이 1989년에 문을 연 핀란드의 Heureka 과학관이라고 할 수 있다. 이것은 수도 헬싱키 근교인 Vantaa에 자리잡고 있는데, 모든 전시물은 체험 위주(hands-on)로 설계되어 있어 청소년들이 학교 수업과 연계하여 과학기술의 다양한 원리들을 실험할 수 있다. 아울러 청소년들이 생일 파티를 그곳에서 개최할 정도로 일종의 놀이마당으로 활용될 수 있을 만큼 재미를 가미하고 있다. 무엇보다 특기할만한 사실은 전시물의 효과를 높이기 위한 방안으로 당시로서는 매우 획기적일 정도로 컴퓨터를 다양하게 활용하여 다른 유럽 국가들에게 일종의 견학기관 역할을 하였다.

네덜란드 정부의 교육과학부 장관 및 경제부 장관은 1990년대 초에 '과학기술문화 공공정보재단(PWT; The Foundation for Public Information on Science, Technology and the Humanities)'으로 하여금 과학기술전시관이 담당해야 할 역할들을 제시하도록 요청하였다. 따라서 정보재단이 제시한 것들은 유럽을 비롯한 여타 나라의 과학기술전시관이 나아갈 길을 잘 가리키고 있는 것처럼 보인다. 크게 보아 하나의 역할은 전시관의 고유 기능에 관한 것이고, 다른 하나는 정보 전달의 중개(link) 역할에 관한 것이다.

전시관의 기능으로 가장 먼저 지적된 것은 첫 번째로 과학기술전시관이 학습과 실험을 위한 매력적인 장소이어야 한다는 점이다. 두 번째로 과학기술 관련 정보를 제공하는 데 유용한 온갖 다양한 형태의 수단을 활용할 줄 알아야 한다는 점이다. 세 번째로 정보와 자료를 잘 갖춘 센터의 역할을 해야 한다는 점이다. 네 번째로 과학기술 관련 인기도서, 시청각자료, 교육자료, 장난감 등을 소개하고 판매하는 수퍼마켓 기능을 해야 한다는 점이다. 다섯 번째로 과학대중화에 기여하는 다양한 물건들을 생산해야 한다는 점이다.

다음으로 중개 역할의 관점에서 가장 먼저 지적된 것은 첫 번째로 과학기술전시관이 정보를 제공하는 다양한 여타 기관들과 채널들을 위한 참고기관이어야 한다는 점이다. 두 번째로 교육자, 교사, 아마추어 과학자, 청소년 동아리, 언론매체, 기업 및 연구소들의 모임을 지원하는 회합 장소이어야 한다는 점이다. 세 번째로 전시물, 영화, 교육자료 등의 상호 교환을 주선해 주는 기관이어야 한다는 점이다. 네 번째로 강연, 심포지엄, 과학연극 및 기타 공연들의 순회행사를 조정하는 중심 기관이어야 한다는 점이다. 다섯 번째로 대규모 협동프로젝트와 집단적인 공동시설의 주도 기관이어야 한다는 점이다. 여섯 번째로 네트워크 형성과 발전을 주도하는 중심 기관이어야 한다는 점이다.

이들은 과학기술전시관에게 부여된 전시관의 고유 기능과 정보 전달의 중개 역할을 잘 대변하고 있다고 여겨진다. 그러므로 과학기술전시관의 효과를 측정하려면 위와 같은 점들을 기준으로 삼으면 될 것이다.

한편 '과학산업기술전시 유럽협의회(ECSITE)'의 전(前) 회장이며 파리의 과학산업관(la Cit des Sciences et de I' Industrie) 전(前) 관장이었던 Roger Lesgards는 과학기술전시관에 대한 오랜 경험을 바탕으로 성공적인 전시관의 조건으로 다음과 같은 열 가지 원칙들을 제시하였다.

첫 번째로 과학기술전시관은 표현의 자유가 완전히 보장된 곳이어야 한다. 그럴 때에만 사회적 터부나 이념 및 돈의 힘으로부터 해방되어 과학의 성공과 실패, 장점과 결점, 잠재력과 한계 등을 솔직하게 표현할 수 있다. 뿐만 아니라 과학기술의 샘물 역할을 하는 아이디어들에 대해서 논쟁, 의심 및 질문을 자유롭게 표현할 수 있다.

두 번째로 과학기술전시관은 끊임없이 과학 그 자체, 경향, 언어, 접근 방법 등에 충실하려고 노력해야 한다. 그렇게 하기 위해 가능한 한 과학적 실험실과 매우 유사한 조건을 만들어 주어 과학의 본령으로부터 벗어나지 않도록 해야 한다.

세 번째로 과학기술전시관이 감정에 호소하고, 즐거움을 유발하고, 게임놀이와 같은 재미를 불러오고, 그리고 매우 놀라운 장관(壯觀)을 보여주는 등의 방법들을 활용하되, 결코 어떤 마술(magic)관의 이미지를 심어주는 데 주력해서는 안된다. 오히려 전시관의 역할은 신비스런 블랙박스를 해체하여 학습과 이해의 즐거움을 얻도록 설명하고 유도하는 데 있다.

네 번째로 위와 같은 학습과 이해의 목적을 성취하기 위해서, 과학기술전시관은 전달할 메시지를 희생하면서까지 전시물의 무대 효과를 지나치게 우선해서는 안된다. 잘못하면 천한 웃음거리로 전락할 가능성을 경계해야 한다.

다섯 번째로 과학기술전시관은 다양한 수단들을 활용해야 하지만, 특별히 세 가지 형태의 전시별로 차별화된 전략을 사용해야 한다. 즉, 수년 동안 전시할 반(半)영구적인 전시 형태에 대한 것, 수주(週) 내지 수개월 동안 전시할 일시적인 전시 형태에 대한 것, 그리고 다양한 장소들로 수시로 이동하면서 전시하는 형태에 대한 것들이 따로이 설계되어야 한다.

여섯 번째로 과학기술전시관은 생동감이 넘치는 살아있는 장소이어야 한다. 그래서 방문객들이 적극적이고, 전시물들을 직접 조작할 수 있고, 화면과 대화를 나눌 수 있고, 무엇보다 중요한 것은 그곳에서 질문을 유도하고, 설명하고, 응답하는 직원들과 활발하게 대화할 수 있도록 분위기를 조성해 줄 필요가 있다. 한마디로 방문객과 전시물의 풍요로운 상호 대화가 이루어지게끔 해야 한다.

일곱 번째로 과학기술전시관은 그곳이 자리잡고 있는 지역의 교육제도와 매우 가깝게 연계될 수 있도록 전시물을 갖추고 있는 열린 장소이어야 한다. 따라서 학교의 교실보다 실험, 관찰, 조작 등에 훨씬 더 적절한 환경을 제공해 주고 있어야 하며, 그 결과로 과학기술전시관은 보다 적극적인 학습센터 구실을 할 수 있을 것이다.

여덟 번째로 과학기술전시관은 좀 더 넓은 지리적 환경 속의 하나의 기관으로, 예컨대, 어떤 지역의, 국가의 또는 국제적인 네트워크 속의 하나의 위치로 설계되어져야 한다. 기관들끼리 그물처럼 서로 얽혀지고, 정보를 상호 교환할 수 있게 됨으로써 전시관의 자원이 증대될 수 있을 것이다.

아홉 번째로 과학기술전시관은 전시 장소의 조건을 뛰어넘는 다양한 방안들의 출발점으로서, 책, 잡지, 방송, 필름, 비디오, 교육자료, 게임, 토론회, 회의, 세미나, 연극, 음악, 미술 등 가능한 한 많은 종류의 여타 매체들을 적극적으로 활용할 수 있어야 한다. 과학의 강점들이 제대로 이해되기 위해서는 오히려 과학이 다양한 관점에서 비춰질 필요가 있다.

열 번째로 과학기술전시관은 그것의 전시물들에 대한 평가를 끊임없이 해야 한다. 그런 평가의 불가피성은 과학의 진보, 일반 대중이 묻는 질문들의 변화, 학교 교과과정의 새로운 경향, 사회에 영향을 주는 근본적인 변화, 특히 커뮤니케이션기술의 변화 등 때문이다.

이들 열 가지 원칙들은 순전히 개인적인 경험의 산물이지만 성공적인 과학기술전시관을 위해서 매우 설득적인 것으로 보인다.

이상, 유럽의 과학기술전시문화를 전시관 중심으로 살펴보았다. 유럽공동체(EC)에서 유럽연합(EU)으로 발전하면서 유럽통합을 위한 노력이 한층 빨라지고 있다. 유럽통합의 일차적 목표는 단일 경제권을 형성하여 미국과 일본의 세계경제 지배력과 맞서는 데 있다. 그러기 위해서 가장 중요한 것은 과학기술력의 증대이고, 그것을 위한 발판으로 청소년들의 과학기술에 대한 관심을 높이는 일이 중요한 것으로 인식되었다.

과학기술전시관은 주로 청소년들의 과학기술문화를 진작시키는 데 목표를 두고 있다. 따라서 유럽연합은 각 회원국의 새로운 과학기술전시관 건설을 지원해 왔다. 그러나 과학기술전시관은 설립뿐만 아니라 운영에 막대한 비용이 소요된다. 그것은 곧 '성공적인' 과학기술전시관 운영을 전제로 할 때만이 존립의 의미가 살아남을 가리킨다.

그러므로 과학기술전시관의 운영 효과를 높이기 위한 다양한 원칙들이 위에서처럼 유럽의 전문가들에 의해 제시되었다. 그들은 비단 유럽의 과학기술전시관뿐만 아니라 우리나라의 과학기술전시관을 효과적으로 운영하기 위한 지침으로도 크게 참고할만 하다고 여겨진다.

[월간 《과학과 기술》 제33권 제5호, 2000. 5. 1]

〈참고문헌〉

- Gregory, Richard(1991). Exploring science, with hands and eyes. Paper presented at the "Communicating Science in Europe" symposium of the International Network of the Public Communication of Science and Technology, Amsterdam, the Netherlands.
- The Foundation for Public Information on Science, Technology and the Humanities(PWT)(1990). Science and technology for a larger public. Report on the infrastructure concerning public information on science and technology, written at the request of the Ministers of Education & Sciences and of Economic Affairs of the Netherlands.
- Lesgards, Roger(Summer 1991). Scientific museography. ECSITE Newsletter, p.6

1장 세계의 과학문화

'질문하는' 문화풍토가 필요하다
(일본의 과학기술 문화)

11월 중순이면 우리나라의 산야는 이미 낙엽이 다 떨어졌을 때이다. 일기도 이미 초겨울 날씨를 보일 정도로 쌀쌀한 편이다. 그러나 일본의 명산(名山)인 후지산 근처는 그 때쯤 가장 아름다운 가을풍경을 보여 준다. 하꼬네 언덕에서 동서로 내려다보면 바다와 호수가 뻗어 있고, 호수 위를 쳐다보면 눈 덮인 후지산의 정상 아래로 펼쳐져 있는 중추(中秋)의 단풍림들을 한눈에 만나게 된다. '일본에도 이렇게 아름다운 가을이 있구나'를 느끼는 순간이다.

동경을 떠나 이런 정도의 드라이브를 하고 나면 약간의 피곤함이 찾아오게 마련이다. 복잡한 도시로 돌아오기 전에 어디 가서 좀 쉬었으면 좋겠다는 생각이 간절해진다. 이 때쯤 깊은 계속 속에 자리잡고 있는 일본의 전통적인 온천장을 찾아가는 것이야말로 가장 안성맞춤이다.

좁은 공간이지만 정갈한 실내에 잔잔하게 넘쳐흐르는 온천물에 몸을 담그고서 유리창 너머 보이는 개울가 주위의 죽림(竹林)을 바라보노라면 '이곳이 일본이구나'를 다시 한번 느끼게 된다. 나른하게 몸이 풀릴 때쯤 눈을 지긋이 감고서 일본의 정신을 되새겨볼 수 있으면 더욱 좋은 일이다.

끝없이 질문하는 과학정신의 나라 일본

지극히 한가로운, 좋게 말해서 퍽 낭만적인 이야기를 서두에 꺼내는 것은 나름대로 개인적인 사연이 있기 때문이다. 작년 일본 유네스코의 한 국제회의에 참석했을 때 맑디맑은 가을의 하루 시간을 내주고 함께 즐겨 준 사람은 수 대째 한 곳에서만 살고 있는 동경토박이 사업가였다. 그는 한국에서 가죽 상품들을 수입하여 일본 전역의 체인망에 팔고 있는 무역거래상이며, 무려 여덟 가지의 취미를 갖고 있을 정도로 자기 수련에 투철한 나이 60에 가까워진 초로의 신사였다. 하루종일 그와 다니면서 영어로 나눈 대화의 주제는 '과거는 물론 현재도 일본을 앞서가게 한 정신이 무엇인가'에 대한 것이다.

그 일본인 신사의 대답은 단호했다.

"일본인은 완벽주의자(perfectionist)입니다."

나는 이 대답을 듣는 순간 바로 그것이 과학정신이라는 생각을 직감적으로 했다. 다시 말해서 일본인의 과학정신은 바로 그렇게 완벽하려는 데서 구현된다는 것으로 받아들여졌다.

무슨 일을 하든 한탕(일회성)으로 끝내는 것이 아니라 완벽할 때까지 끊임없이 되풀이하여 개선하는 노력이 바로 지금뿐만 아니라 과거에도 일본을 앞서간 나라로 만든 요인이라고 여겨졌다.

과학대중화는 과학정신을 확산하는 것인데, 그 과학정신은 보다 나은 해답을 찾기 위해 끊임없이 개선하면서 되풀이하는 실험정신에 있다.

한마디로 쉼없는 실험정신은 완벽주의자의 필연적인 행위과정인 것이다. 그러니 일본인들은 이미 오랜 역사 속에서 실험정신을 닦으면서 살아왔던 터이다.

동경의 우에노 공원에 가면 국립과학관이 자리잡고 있는데, 그곳에는 일본 과학기술의 역사적 유물들이 전시되어 있다. 나는 일본인들이 고대에 만들었던 시계의 정교함과 미적 아름다움에 경악을 금치 못했었다. 심지어 어느 나라보다도 앞서서 실험했던 거대한 컴퓨터도 놀랍기 짝이 없었다. 한번 사용하면 다시 못 쓰던 열악한 초기의 진공관을 수백 개 활용해서 만들어 본 컴퓨터의 실험정신은 이미 오늘의 일본 전자산업을 충분히 예견하고도 남았다.

이것들을 접하면서 역사적으로 우리가 아무리 금속활자와 해시계, 물시계를 일찍 만들었다 해도 일회성에 그쳐 버린 전통과 비록 시간적으로 우리보다 늦었지만 끊임없이 갈고 닦은 일본의 되풀이 정신을 비교하지 않을 수 없었다. 되풀이해 본다는 것은 이미 개선을 위한 노력을 의미하고, 그 개선을 위해서는 끊임없이 '질문하는 문화'를 가꾸지 않으면 안 된다.

흔히들 일본인의 간접적인 대화법(對話法), 서양인에 비해서 심지어 우리에 비해서도 솔직한 마음을 내뱉지 않는 일본인의 간접화법을 놓고서 여러 가지 억측들을 한다. 그 중의 하나는 상대방 앞에서 드러내 놓고 열띤 토론을 삼가는 일본인 특유의 전통 때문에 기술의 연마에는 강할지 모르지만 창조적인 과학정신에는 약하다고 단정하는 것이다. 왜냐하면 입을 열어 벌이는 토론 속에서 창조적인 과학정신의 핵심인 질문하는 문화가 키워진다고 생각하기 때문이다.

그러나 입을 열지 않고도 머릿속으로 얼마든지 질문할 수 있음에 유의해야 한다. 오히려 일본인의 완벽주의 정신은 머릿속으로 끊임없이 질문하는 문화를 증거하는 것이라고 믿어진다. 보다 나은 답을 찾기 위한 질문 없이 어떻게 완벽을 지향할 수 있겠는가.

기업이 지원하는 미국의 과학 대중화

일본의 완벽주의 정신에 패배한 미국은 급기야 새로운 과학대중화운동을 전개하기 시작했다. 지나친 오락과 휴식은 미국의 청소년들로 하여금 과학분야로부터 멀어지게 한 것이 사실이다. 우선 과학기술 분야로 뛰어드는 우수한 젊은 두뇌들이 감소하기 시작했다. 오늘날 연구 중심의 미국대학들에서 이공계통의 대학원생 중 절반 정도가 외국인으로 채워지고 있다는 사실은 그러한 추세를 단적으로 증명하고 있다. 그리고 이것은 미국의 장래에 어두운 그림자를 드리우는 징조가 아닐 수 없다.

또한 미국이 다른 나라가 하지 못하는 우주탐험을 실시하고 첨단발명품을 계속적으로 만들어내고 있지만 그것은 일반 국민과 유리된 특정 과학기술자 집단에 의해서 주도되어 왔다. 일반 대중의 생각과는 별개로 탄생된 과학기술 집약적인 제품이 실용성에서는 아무래도 뒤떨어질 수밖에 없었다. 이런 점이 일본에 뒤지게 된 주요 원인이라고 여겨진다.

드디어 1985년 미국립과학재단은 4월 세 번째 주(週)를 '국가과학기술 주간'으로 선포하고, 그 기간을 이용하여 전국적인 과학대중화운동을 벌이기로 결정했다. 미국은 매년 그 기간에 새로운 과학대중화 붐을 일으키기 위하여 전국적으로 다양한 행사들을 전개한다.

그 중에서 가장 두드러진 활동은 역시 청소년층을 대상으로 한 학교 밖의 과학교육이라고 하겠다. 과학에 흥미를 잃어가고 있는 청소년들을 과학의 분야로 끌어들이기 위하여 재미있는 교육자료를 만들어 전국적으로 배포한다. 이들 자료는 난이도별로 등급이 매겨져 있어 해당 학년에 맞게끔 구성되었다는 특징을 갖고 있다.

물론 이런 것말고도 과학관의 전국적인 무료개방, 과학강연회, 전시회 등이 벌어진다. 놀라운 것은 이론 과학기술 주간 활동의 대부분이 일반 민간기업의 재정적 후원에 의해서 이루어진다는 점이다. 민간기업이 과학대중화에 앞장서면서 내세우는 논리적 근거는 매우 인상적이다. 즉 과학대중화를 통하여 유능한 과학기술 청소년이 육성되면, 그들이 결국 자신들의 기업을 키우는 인재가 된다는 것이다.

과학대중화의 열매를 자기네 기업들이 따먹기 때문에 과학대중화운동에 대한 재정적 지원은 너무나 당연하다는 결론이다. 이런 바탕을 전제로 하여 본격적으로 전개되기 시작한 미국 과학대중화운동은 머지않아 일본에 뒤쳐진 자존심을 회복시키는 데 크게 기여하리라고 믿어진다.

과학대중화의 결정체는 완벽주의 정신

일본 한 나라의 경제력이 유럽공동체(EC) 전체의 것과 맞먹는다는 사실은 또한 유럽국가들의 자존심을 건드리고도 남는다. 이런 것에 대한 반작용으로 유럽공동체가 주창하고 후원하는 소위 '유레카 프로젝트(Eureka Project)'가 생겨났다. 이것은 유럽공동체의 회원국가들로 하여금 보다 현대적이고 실습 위주의 과학관 건설을 추진하도록 하는 범유럽적 프로젝트이다.

이것에 의해서 지난 2~3년 사이에 덴마크, 핀란드 등에 최신식 과학관들이 탄생하였고 현재 네덜란드에서 바다 밑을 이용한 과학관을 건설 중이다. 뿐만 아니라 이들 나라들에서도 국가 과학 주간을 설정하여 일반 대중을 상대로 한 과학화 운동을 본격적으로 전개하고 있다.

과학의 대중화는 단순히 기존의 과학 지식을 습득하는데 있는 것이 아니다. 진정한 과학대중화는 과학정신을 길음으로써 얻어진다. 과학정신의 기본은 '질문하는 정신'이다. 이런 정신들이 일상생활 속에서 구현될 때 비로소 생활의 과학화에 성공할 수 있다. 국가 과학 주간이 설정되고 과학관들이 설립되는 것도 바로 그런 목적을 달성하기 위한 노력의 일환이다.

이제 우리는 질문하는 정신과 되풀이해 보는 정신을 얼마나 갖추고 있는가, 그리고 그런 정신을 키우려고 얼마나 노력하고 있는가 스스로에게 물어보지 않을 수 없다. 모든 것을 일회성으로 끝내 버리는 습성이 과학대중화를 위한 활동에도 그대로 나타나고 있다는 것을 누가 부정할 수 있겠는가.

서울올림픽의 전시 효과를 위해 서둘러 지은 지 얼마되지 않는 국립중앙과학관의 시설들은 제대로 작동되고 있는 것이 거의 없으며, 기적처럼 2~3년만에 완공되어 개막을 앞두고 있는 대전엑스포의 시설들이 하나같이 날림공사라는 실무관계자들의 말이고 보면, 우리의 과학 대중화 운동은 처음부터 빗나가 있다고 봐야 할 것이다.

한마디로 과학대중화정신의 결정체인 완벽주의를 키우는 전략이 우리에게 너무나 절실하다. 그러기 위해서는 남들이 다 갖고 있는 '국가 과학 주간'이라도 정해 놓고 볼 일이다.

[삼성그룹 사외보 《함께하는 사회》, 1993. 6]

2장 한국의 과학문화

21세기 준비 과기 특별법

아무리 세상이 뒤집혀도 어김없이 찾아오는 것은 계절인 것 같다. 모든 생명이 죽음을 전제로 삼고 있다. 그래서 생명의 탄생은 차라리 잔인한 행위에 가깝다.

시인 엘리어트가 그렇게 노래했던 4월의 봄도 벌써 가까이 와 있다. 그리고 우리는 성큼성큼 21세기에 다가가고 있는 것이다. 역설적으로 흘러가는 시간만이 우리네 중심을 지켜주는 변함없는 원리이다.

흘러가는 시간 말고는 우리 사회가 중심을 잃은지 오래이다. 나라의 중심을 잡아주어야 할 최고 통치자들은 한결같이 천덕꾸러기로 전락한 형국이다.

이제 국민이 프라이드를 가지는 것은 도저히 불가능해졌다. 어떤 연유에 의해서든 모든 가족들이 돌을 던지는 가장(家長)에게 가족의 중심 역할을 기대할 수 있겠는가. 설상가상으로 누구하나 가족의 생계를 책임질 수 없는 지경이다. 범위를 확대시켜 보면, 무너져가는 나라의 정치와 경제가 바로 그런 형국이다.

그렇다면 이제 나라의 중심을 어디에 두어야 할 것인가. 여기에서 우리는 발상의 전환을 필요로 하고, 그 해답은 오히려 간단하다. 나라의 중심을 튼튼하게 만드는 길은 과학기술을 키우는 일이다. 한마디로 과학기술은 나라의 기둥이고, 그것이 허약하면, 정치도 경제도 안정적으로 유지되고 발전할 수가 없다.

실사구시(實事求是)를 부르짖었던 구한말의 북학(北學)파 실학자들은 요즈음식으로 말해서 과학기술을 키우자는 과학문화 운동가들이었다. 그 운동의 실패는 결국 나라를 빼앗기는 비극으로 치달았다.

온 나라가 과거 때리기에 몰두해 있는 동안에 모처럼 우리네 정치 지도자들이 매우 미래지향적인 일 하나를 처리하였다. 그것은 다름 아닌 지난 3월 18일에 마친 임시국회에서「과학기술혁신을 위한 특별법」을 제정한 일이다.

그것은 한시적으로 금년 7월부터 2002년 6월까지 5년 동안 과학기술을 획기적으로 발전시킬 수 있도록 국가가 전력투구할 것을 요구하는 법안이다. 말하자면, 나라의 중심을 과학기술에 두고, 그것을 견고하게 만들 수 있는 장치를 법으로 제정한 셈이다.

그 법이 갖고 있는 핵심 내용은 과학기술의 연구들이 획기적으로 이루어질 수 있도록 국가 예산의 대폭적인 투자를 규정하고 있는 점이다. 《이 실천을 위해 과학기술혁신 5개년 계획을 수립하여 새로이 신설되는 과학기술장관회의(위원장:재정경제원장관)에서 매년 심의 및 조정되도록 요구하고 있다. 그리고 과학기술진흥기금의 확충을 통해 국가의 중점 연구개발 분야뿐만 아니라 산학협동 연구를 대폭 지원할 것을 규정하고 있다. 아울러 과학기술 인력의 국제교류를 적극적으로 실시하여 우리의 과학기술을 세계적 수준으로 끌어올리고 지방화 시대를 맞이하

여 지방의 과학기술을 진흥시키는 일 등도 법에 명시되어 있다.》

그러나 필자가 특별히 관심 갖고 있는 내용들은 중소기업의 연구개발에 대한 투자, 대학의 기초과학 연구 그리고 일반 국민의 과학기술 마인드를 확장시켜줄 과학문화운동 등에 대한 획기적 지원을 강구하고 있는 것들이다. 그 중에서도 과학문화운동은 정말 21세기 한국의 기둥을 튼튼하게 만들 수 있는 중요한 일이라고 여겨진다.

왜냐하면 이제 소수의 엘리트 집단이 과학기술을 주도하던 시대는 지났고, 온 국민이 매달리지 않으면 과학기술 인력의 지속적 충당은 물론 국민 세금을 통한 연구개발에 대한 지원도 불가능해진다. 그런 측면에서 과학문화운동은 21세기 한국의 생존운동이라 해도 과언이 아니다.

이제 남은 일은 정부가 그 법의 정신을 강력하게 실천하는 것이다.

우선 첫째로 국가 예산의 5%를 과학기술의 연구개발에 쏟아부어야 한다는 과학기술계의 여망이 법안에 명시되지는 않았지만, 2002년에는 그런 수준에 도달될 수 있도록 과감한 투자정신을 갖추는 것이 필요하다.

둘째로는 과학기술의 투자 비용이 헛되이 낭비되지 않도록 범정부 차원에서 매우 효율적이고 체계적인 투자계획을 수립하는 일이다. 셋째로 일단 계획을 수립했으면 법의 효력이 끝나는 5년 동안 변동없이 그것을 추진하는 일이다.

안타깝게도 김영삼 정권의 가장 큰 실패작은 과학기술처 장관 자리를 돌림방으로 만든 현실이다. 지난 4년 동안 무려 다섯 번이나 장관이 바뀌는 상황에서 도저히 과학기술 정책이 일관되게 추진될 수가 없었다. 정말 다음 대통령은 한시적인 특별법을 지속적으로 추진할 수 있을 만큼 과학기술 마인드를 갖춘 인물이어야 최소한의 열매를 거둘 수 있을 것이다.

다음 주면 벌써 4월 '과학의 달'이고, 4월 21일은 '과학의 날'로 제정된 지 30주년이 되는 날이다. 5년의 한시적인 생명을 갖고 태어난 특별법이 4월의 잔인한 봄을 맞아 뜨거운 담론에 부쳐지기를 바란다. 그래야 모처럼 21세기 나라의 중심이 될 과학기술을 효율적으로 키우는데 전 국민의 동참이 가능해질 것이다.

[문화일보, 1997. 3. 25]

광고 속의 과학문화

자본주의 사회에서 광고는 생산자와 소비자를 연결하는 중요 매개체이다. 그것은 광고주가 자신의 상품 판매를 촉진할 목적으로 시간과 공간을 구매하는 행위를 일컫는다. 따라서 광고 내용은 광고주의 상품 판매 의도를 분명히 담고 있지만, 소비자의 욕구를 상당히 반영할 때 효과적이다. 그러므로 이제 광고는 단순히 광고주의 설득적인 메시지를 일방적으로 내보는 것에서 벗어나 소비자에게 유익한 정보 내용을 크게 담는 경향이 있다.

광고는 또한 언론매체의 생존에 직결되어 있다. 한마디로 언론매체는 정보 상품을 생산하고 판매하는 기업이다. 그리고 언론 상품은 다른 산업이 생산, 판매하는 상품과는 달리 이중 상품(joint product)이다. 즉, 뉴스라는 일차적 정보 상품을 언론 수용자에게 판매하고, 그것의 '판매력'에 의존하여 광고라는 이차적 정보 상품을 광고주에게 판매한다. 그러므로 일차 상품의 판매력이 견고해야 이차 상품의 값이 올라간다고 볼 수 있다. 신문의 판매부수 내지 방송의 시청률을 높이는데 언론기관이 혈안이 되어 있는 이유는 바로 그것이 이차 상품인 광고 판매력을 높이는 데 결정적이기 때문이다.

그러나 언론매체들 사이의 경쟁이 치열해지면서 언론 수용자에게 판매하는 뉴스 정보의 상품값이 현저하게 줄어들게 되었다. 예컨대, 인터넷이 일상화되면서 신문을 구독하거나 돈을 지불하고서 방송 뉴스를 시청하지 않게 되었다. 우리의 경우 신문의 구독료나 방송의 시청료가 여타 물가 상승률만큼 인상되지 않는 이유가 바로 그런 것이다. 그러므로 언론매체들은 이제 수익의 70~80%를 이차 상품인 광고 판매에 의존할 수밖에 없게 되었다. 이것이 바로 광고가 현대인의 언론 환경을 지배하게 된 근거이다.

이제 우리는 광고가 생활 문화의 주류가 된 시대를 살고 있다. 특히 광고가 점점 정보 제공적인 내용을 담게 되면서 이제는 뉴스속의 정보보다 광고속의 정보를 먼저 찾는 경향마저 띄고 있다. 그리고 실제로 오늘날처럼 신제품들이 급속하게 태어나는 상황에서는 오히려 광고를 통하여 변화하는 또는 변화해야 할 생활문화에 접근할 수 있다. 그러므로 광고는 비단 현재의 생활문화를 지배할 뿐만 아니라 미래의 생활문화를 선도하고 있는 셈이다.

그런데 그 광고들이 상당한 정도 과학기술적인 정보 내용을 담고 있는 것도 현대 광고의 특징이다. 우선 광고 상품들이 대부분 첨단 과학기술을 이용하고 있다는 점에서 과학기술 정보를 광고에 이용하는 원천이 된다. 뿐만 아니라 현대사회가 과학기술 중심의 사회임을 부인할 길이 없고, 그런 연고로 현대인의 과학문화 인식을 이용할 때 광고의 효과가 커질 것이라는 기대감이 깔려 있다.

따라서 과학기술적 내용이 담긴 광고의 증가는 결과적으로 어떤 형태로든 일반인의 과학문화를 심화시키는데 기여할 수 있다.

광고에서 다루어지는 과학문화는 매우 다양하다. 예컨대, 어떤 가구회사가 단순히 과학이라는 용어를 광고 문구에 삽입하여, '침대는 과학'이라는 상식을 만들어냈을 뿐만 아니라 회사의 판매고와 이미지를 일신시킨 사례가 있다. 또는 자동차 광고에 ABS, 연비(燃比) 같은 기술적 용어들을 사용하거나 식품 광고에서 식품 전문 용어들인 이온음료, DHA, MSG 같은 것들을 삽입하기도 한다. 이들은 처음에 소비자가 알든 모르든 과학기술적 용어들을 반복적으로 광고하여 상품의 선전 효과를 높이려고 한다.

방송매체의 광고는 대개 20~30초의 짧은 시간을 활용하기 때문에 과학기술과 연관된 정보적 내용을 담아내기 어렵다. 그러나 인쇄매체는 보다 자세한 과학기술적 정보를 담아낼 수 있다.

예컨대, 자동차나 컴퓨터 광고에서 인쇄매체들이 상당한 수준의 과학기술적 정보들을 담아내는 경우들을 쉽게 볼 수 있다. 전문잡지들의 경우에는 그런 과학기술적 정보 내용이 엄청나게 심층적이고, 실제로 구독자들은 그 정보에 의존하여 상품을 구매한다.

이런 광고속의 과학문화를 연구한 결과에 따르면, 우리나라의 식품, 컴퓨터, 자동차 관련 광고들의 약 40%가 과학적 사실이나 용어 등을 사용할 만큼 과학기술적 접근방법을 활용하고 있다고 한다. 이것은 분명히 과학기술의 대중화에 기여할 가능성이 높다.

그러나 한편으로 그 과학기술적 내용들이 과학적으로 확인된 것들이 아니면 오히려 과학기술에 대한 불신을 초래할 수 있다. 특히 보건식품 관련 광고들에서 지나치게 건강 증진을 강조하는 경향이 있는데, 그런 것들은 과학적으로 확인하기 힘든 만큼 매우 세심한 주의가 요구된다.

우리나라에서 과학기술적 정보를 광고에 담아내는 주된 이유는 소비자로부터 상품에 대한 신뢰감을 올리기 위한 목적에 초점을 두고 있다. 즉, 과학기술에 대한 일반인의 신뢰하는 긍정적 인상을 이용하여, 광고하는 상품에 그 신뢰 인상을 전이시키려는 목적에서 주로 과학기술적 용어를 광고에 활용한다. 이것은 미국의 광고문화와 상당히 다른 점이다. 예컨대, 미국의 광고들이 주로 정보적인 내용을 담고 있는 반면에 한국의 광고들은 이미지 중심으로 흐르고 있다. 따라서 과학기술적 정보가 보다 심층적으로 한국의 광고에 활용될 여지가 그 만큼 좁다고 볼 수 있다.

만약 소비자로 하여금 감성적이고 충동적인 판단을 적게 하고 합리적인 구매 행동을 촉진시키려면 보다 많은 광고가 과학기술적 정보를 담고 있을 필요가 있다. 그런 측면에서 광고속의 과학문화는 단순히 상품에 대한 소비자의 신뢰 획득을 넘어 과학기술이 지향하는 합리적 사회 건설에 크게 기여할 수 있는 소지를 안고 있다.

따라서 광고속의 과학문화를 진흥하고, 그로 인하여 과학기술 국민이해를 촉진할 수 있다는 점을 주목할 필요가 있다. 누가 뭐라든 지금 광고는 현대생활의 주류 문화임에 틀림없다.

[《과학기술출판》 2000년 가을호 통권 14호]

이공계 기피는 '낮은 보상' 탓

지금 대학가에는 졸업식과 입학식으로 북적거리고 있다. 유난히 금년에는 떠나는 젊은이들의 시름이 큰 것 같다. 청년 실업이 심각하여 예년 같으면 이미 모두 직장에 나가고 있을 즈음인데도 교정을 서성이는 이들이 많다.

한편, 대학에 새로이 들어오는 새내기들도 유독 금년에는 밝은 미소를 발견하기 어렵다. 전혀 학생들의 입장을 고려하지 않았던 대입 수능시험의 난이도 조절 실패는 학생들을 거의 정신적 공황 상태로 몰고 갔었다. 그리고 미래에 대한 높은 불확실성이 보태지면서, 이공계 진학 기피현상이 큰 폭으로 발생하였다.

정부는 이런 이공계 진학 기피현상은 결과적으로 미래의 국가 경쟁력을 확보하는데 큰 장애물이 될 것이라는 믿음 속에 여러 가지 대책을 수립하고 있다.

예컨대, 고등학교에서 자연계를 공부하는 학생들이 대학입시에서 불이익을 받지 않도록 하는 교육정책에서부터 이공계 전공자들에 대한 장학금, 군병력 혜택 등을 제공하는 사회적 우대정책까지 다양하게 내놓고 있다.

그러나 냉철하게 따져볼 때, 이공계 진학 기피현상은 금년에 한해서 우발적으로 생긴 것이라기보다 학생 자신과 학부모, 교사 등이 현실을 냉엄하게 분석하여 선택한 결과라고 보아야 한다.

예컨대, 우선 자연계를 공부하는 학생들은 수학과 물리, 화학 등과 같은 어려운 과목들을 공부하면서 훨씬 더 많은 노력을 기울여야 한다. 그런 투자에 비해 가깝게는 대학입시에서부터 대학과정, 그리고 졸업 후에까지 그것에 상응하는 보상이 따라주지 않는다는 냉혹한 현실을 너무나 잘 알고 있다. 이것은 곧 생존을 위한 효율성의 관점에서 볼 때, 한국사회에서 이공계 전공자는 상대적으로 정당한(fair) 대우를 받고 있지 못함을 가리킨다.

그렇다면 자연계를 공부한 고등학생들 속에서도 이공계보다 의학계로 진학하려는 것은 너무나 당연한 귀결이다. 왜냐하면 의학계를 전공한 뒤에 받는 사회적 보상 체계는 너무나 월등하기 때문이다. 그래서 서울과 지방의 차이, 좋은 의료 실습 시설의 유무에 관계없이 의학계로 몰려들고 있으며, 그것은 결국 서울의 주요 대학들마저 이공계 미달 사태를 불러오고 있는 실정이다.

엄격한 시장 원리에 따르면, 이런 이공계 기피현상을 당분간 그대로 방치해 둘 필요성이 있는지도 모른다.

왜냐하면 그렇게 되어야 일정 기간이 지난 뒤 이공계 전공자의 품귀현상이 일어나고, 그에 따라 높은 사회적 보상 체계가 주어질 것이기 때문이다.

거꾸로 의사, 변호사, 회계사 등의 수는 대폭적으로 증가해 지나치게 높았던 그들의 보상 체계가 낮아질 수 있을 것이다. 그리고 인문·사회계나 예·체능계 전공자의 폭증은 그들의 보상 체계를 더더욱 낮출 것이다. 참고로 미국대학에서 인문·사회계 전공 교수의 보상은 이공계 전공 교수의 그것에 비해 거의 반에 가까울 정도로 낮은 수준이다.

그러나 국가적 관점에서 우수한 과학기술 인력 조달이 하루 아침에 이루어질 수 없다는 점을 감안할 때, 사전에 적절한 우수 인력을 준비해 나가는 것은 너무나 중요하다. 그것을 위해서 가장 크게 고려할 점은 과학기술자에 대한 보상 체계이다.

필자의 2000년 연구에 따르면, 전국 성인의 78.9%와 75.7%는 각각 의사와 법조인이 "경제적 대우를 잘 받고 있는 직업인"으로 평가하고 있었다.

반면에 물리학자, 화학자, 기계공학자, 컴퓨터공학자 등에 대해서 각각 성인의 5.5%, 5.1%, 6.5%, 그리고 25.7%만이 경제적 대우를 잘 받고 있다고 응답하고 있었다. 이것은 운동선수, 방송연예인 및 정치가 등에 대한 35.4%, 58.2%, 그리고 49.2%에도 훨씬 못 미치는 응답 분포였다.

한편, 성인의 35.9%만이 의사가, 그리고 13.5%만이 법조인이 "세계/인류/사회의 다양한 문제 해결에 공헌하고 있는 직업인"으로 평가하고 있었다. 반면에 성인의 49.7%, 34.8%, 29.4%, 그리고 46.4%는 각각 물리학자, 화학자, 기계공학자, 그리고 컴퓨터공학자가 다양한 문제 해결에 공헌하고 있다고 응답하고 있었다. 이것은 곧 이공계 전공자가 세계/인류/사회의 다양한 문제 해결에 크게 공헌하면서도 경제적 보상에서는 매우 낮은 차별적 대우를 받고 있다고 우리 국민이 생각하고 있음을 반영하는 것이다.

이런 상황에서 학부모가 자녀를 이공계로 진학토록 권유할 하등의 이유를 발견할 수 없는 것이다.

　이제 이공계 진학의 기피현상을 타파하는 길은 명확한 것처럼 보인다. 이공계 전공에 들어가는 노력이나 투자만큼 사회적 보상 체계를 만들어 주는 것이 최선의 방법이라고 생각한다.

　그러기 위해서는 단기적으로 대학입시에서 불이익이 없도록 하고, 무엇보다 과학기술 전공자에 대한 취업의 보장과 경제적 대우를 높이는 일이 가장 중요하다고 생각한다.

[문화일보(포럼), 2002. 3. 4]

2장 한국의 과학문화

이공계 살리기, 무엇이 문제인가

당위적인 관점에서 이공계 살리기가 국가경쟁력 확보에서 왜 그렇게 중요한지는 이제 더 이상 언급할 필요가 없다고 생각한다. 그것에 관한 한 국민적 이해가 이루어져 있다고 믿어진다. 그렇다면, 사회과학자로서 분석해 보건데, 지금 일반 국민은 이공계를 어떻게 바라보고 있는지를 먼저 살펴보고, 그것에 기반하여 이공계 살리기에 필요한 사회적 대책은 어떤 것이 가능한지를 개진해 보려고 한다.

먼저 본인이 연구한 직업적 평가에 따르면[1], 초·중·고교의 청소년들은 보수가 높은 직업인으로 연예인, 의사, 판검사, 정치인을 들고 있고, 사회적으로 꼭 필요한 직업인으로 의사, 판검사, 과학자를 꼽고 있으며, 존경하는 직업인으로 과학자, 교수, 판검사, 의사를 지목하고 있었다.

그러나 이들의 부모에 해당되는 한국의 성인들은 보수가 높은 직업인으로 의사, 법조인, 정치인의 순서로, 존경하는 직업인으로 의사, 법조인의 순서로, 사회적 공헌이 높은 직업인으로 과학자를 가장 높게 꼽고 있었다. 성인들에게 과학자는 낮은 보수를 받고, 중상 정도의 존경을 받는 것으로 나타났다. 이 결과는 결국 한국 사회에서 법조인, 의료인, 정치인, 연예인 등이 누리는 지위를 그대로 반영하는 것처럼 보인다.

한편, 미국에서[2] 가장 신뢰(trust, confidence)받는 직업인은 간호원, 과학자, 교사, 수의사, 의사 등이며, 최하위가 보험 내지 자동차 판매인, 기자, 광고인, 변호사 등이다. 그리고 공공조직에 대한 평가에서는 첨단기술기업, 과학계, 경찰, 대학, NASA, 군대, 의료계가 가장 크게 신뢰받고 있으며, 중하위로 언론계, 행정부, 입법부, 사법부 등이며, 최하위로 노조, 변호사업계, 보험회사, 기름회사 등이다. 그러므로 미국에서 과학기술자 내지 과학연구계가 우리의 환경과 다르게 얼마나 큰 권위와 신뢰를 누리고 있는지 알 수 있다. 이런 사회적 평판의 소스를 알아보는 것이 결국 우리의 이공계를 살리는 대책이 될 수 있다고 믿어진다.

과학기술자는 근본적으로 과정(process)에 헌신하는 생산 중심의 직업이다. 반면에 법조인, 의료인, 정치인, 연예인 등은 과정을 통해 얻어진 열매(product)를 요리하는 소비 중심의 직업이다. 대부분의 경우에서 '과정'은 주목 받지 못하고 흘러가버리며, 과정의 결과인 '열매'만이 조명을 받는 경향이 있다.

따라서 열매를 요리하고 향유하는 집단이 열매가 만들어내는 사회적 이익을 독점하는 경향이 있다. 선진국과 후진국의 차이는 바로 '과정'의 결과가 '열매'임을 얼마나 잘 인식하고 있느냐 그리고 그 '과정'에 투신하는 사람들을 얼마나 잘 대우하느냐의 차이라고 볼 수 있다. 앞에서 본 한국과 미국의 직업적 평가가 어떻게 다른지는 이런 점을 잘 반영하고 있다고 여겨진다.

이공계 살리기는 바로 이 '과정'에 대해 특별히 주목해야 한다는 점과 직결되어 있다. 그렇다면 어떻게 하는 것이 '과정'을 충실하고 풍요롭게 할 것인가. 두 가지 대책이 가능하다고 여겨진다. 하나는 과정을 '충실하게' 만들어주는데 기여할 교육적 대책이고, 다른 하나는 과정을 '풍요롭게' 만들어주는데 기여할 사회 보상적 대책이다.

교육적 대책은 곧 과정에 투입될 이공계 인력 양성에 대한 특단의 대책을 요구한다. 우선 그 인력이 우수한 집단으로 구성되어야 과정의 충실성이 크게 향상될 수 있을 것이다. 그렇게 하기 위해서는 이공계 교육체계에 관한 한, 교육의 보편주의, 즉 절대적 평등주의보다는 질적 경쟁이 가능한 환경 조성이 필수적인 것처럼 보인다.

예를 들어, 영재 교육의 활성화, 그들을 유입하는 특차 대입제도, 교육의 수월성을 높이기 위한 창의적 교육체계 등이 필요하다. 그러나 무엇보다도 가장 중요한 것은 우수 인력을 유입하고 교육하는 데 필요한 장학금 및 연구비의 보장 등이다.

다음으로 사회 보상적 대책은 이렇게 과정의 충실성을 갖춘 우수 인력에 대해 이제는 마음껏 그 충실성을 꽃 피울 수 있도록 풍요롭게 하는 일이다. 여기에도 마찬가지로 '과정'의 생산적 가치를 존중하는 한, 사회적 보상에 대한 절대적 평등주의는 극복되어야 할 과제이다.

앞에서 본 것처럼, 과학기술자 직업이 과정의 충실성에 바쳐진 노력에 비해 상대적으로 낮은 보상을 받는 집단으로 지목되는 한, 우수한 인력의 유입과 유지는 불가능하다고 볼 수 있다. 현재 우리가 직면하고 있는 이공계 기피현상은 바로 그런 증거이다.

과학기술자에 대한 상응하는 보상체제 확립은 한국 사회의 독특한 특징을 고려하는 것이 매우 긴요하다. 즉, 한국 사회의 가장 큰 특징 중 하나는 어떤 정책이든지 성공하기 위해서는 관료 조직이 먼저 선도해야 한다는 점이다. 그런 측면에서 참여정부가 중점 정책 사항으로 제13회

국가과학기술위원회를 통해 결정한 이공계 공직진출 확대방안은 매우 시의적절한 대책이라고 여겨진다. 이것은 정부부터 과학기술사회에 대비한 국가적 수요에 상응하여 이공계 출신의 공직 진출에 대한 기존의 폐쇄적 문호를 연 일종의 개혁 조치이면서, 동시에 과학기술계에 대한 일종의 사회적 보상체제 확대의 일환이기도 하다.

관료 조직의 개혁과 함께, 국공립 연구기관의 연구인력에 대한 보상체제도 상당한 변화를 겪고 있다. 예컨대, 연금, 인센티브(incentive), 텐뉴어(tenure), 훈포상, 공제회 제도 등이 적극적으로 도입되고 있다. 이런 조치들 또한 공공조직부터 과학기술자에 대한 상응하는 사회 보상체제를 확보하려는 노력이라고 볼 수 있다.

이런 공공조직의 선도조치가 이루어진 이상, 다음 순서는 산업계에서 이공계 인력에 대해 상응하는 보상체제를 수립하는 일이다.

예컨대, 과정의 충실성을 성취한 신규 이공계 인력에 대해 채용을 확대하는 일 그리고 이공계 인력에 대한 경제적 보상을 우대하는 일 등이 가장 필요한 개혁 조치이다. 산업계야말로 과정의 생산적 가치를 가장 소중하게 여기지 않는 한 어떤 찬란한 열매도 거둘 수 없고, 무엇보다 지속적으로 경쟁 가능한 열매를 배태할 수 없다. 그런 측면에서 산업계는 이공계 인력에 대한 획기적인, 매우 차별적인 보상체제를 수립하는 길만이 살아남는 길이며, 국가경쟁력의 확보에 기여하는 길이다.

이런 산업계의 혁신이 이루어지지 않는 한, 우수한 이공계 연구인력이 자꾸만 한가한(?) 개혁 무풍지대의 대학으로 유입될 수밖에 없다. 산업계의 획기적인 보상체제 수립만이 대학의 이공계 교수인력 충원을 어렵게 만들 수 있다. 그런 어려움이 빚어질 때, 대학에서도 우수한 이공계 교수 인력에 대한 차별적 보상체제가 갖추어질 수 있다. 지금처럼, 대학 교수의 경제적 보상체제에서 절대적 평등주의가 존재하는 한, 우수한 연구인력의 낭비와 함께 대학의 개혁과 대학의 국제경쟁력 확보는 매우 요원한 일인 것처럼 보인다.

그러므로 마지막으로 이루어져야 할 이공계 살리기의 사회 보상적 대책은 대학의 이공계 교수 인력에 대한 차별적 우대 정책을 펴는 길이다. 그러나 이것은 산업계의 혁신이 선행될 때, 인력 시장의 원리에 따라 가능해진다는 점이 본인의 추론이다.

그렇다면, 이제 이공계 공직 진출 확대 방안 및 공공연구소의 연구인력 우대 조치가 이루어지고 있는 시점에서, 다음으로 이공계 살리기에 선도해야 할 집단은 산업계라는 점을 크게 강조하고 싶다.

오늘 대통령님과 많은 관계인들을 모시고 이런 대토론회를 개최한 것은 국가경쟁력 확보의 밑거름을 놓는 데 큰 전환점이 될 것이라 확신한다. 다시 한번, '과정'이 충실하고 풍요로워야 그것의 결과인 '열매'가 또한 찬란한 빛을 발할 수 있으며, 그로 인하여 우리의 소망인 국민소득 2만불 시대의 국가경쟁력으로 나아갈 수 있다고 믿어진다. 2004년 새해에 이공계의 소중함이 살아나고, 국운이 상승하기를 간절히 기대하는 바이다.

[이공계 살리기 대토론회, 2003. 12. 26]

〈참고문헌〉
1. 김학수 외, 「과학기술인 이미지 실태조사 연구」, 과학기술부 정책연구 1999-2 ; 「청소년의 과학기술자 이미지 전국조사연구」, 과학기술부 정책연구 2002-4
2. Christian Science Monitor, Nov. 28, 2000.; California Opinion Index(by the Field Institute) Sept. 1997.; Science & Engineering Indicators, 2002

원자력 국민 이해

최근 터키는 대지진으로 수만 명의 생명을 잃었다. 그러나 이 순간 나는 그곳을 방문하고 있다. 원자력의 평화적 이용을 숙의하는 세미나 참석 때문이다. 믿기지 않겠지만 미화 일 달러가 터키 화폐단위로 무려 462,950 '리라' 나 되는, 정말 높은 숫자를 좋아하는 그런 나라의 남부 지중해 도시 안탈야(Antalya)에 와 있다.

일본 이바라키 현 핵연료 제조 시설과 우리의 월성 원전 3호기에서 최근 발생한 방사능 누출사고는 국민의 원자력에 대한 걱정을 높여 주었다. 문제를 해결하기 위해 인간이 발명한 모든 기술은 부분적으로 또 다른 폐해를 수반하기 마련이다. 원자력도 그런 원리에서 예외일 수 없다. 그러나 그 폐해가 광범위하고 치명적일 수 있다는 점 때문에 원자력의 안전 이용은 아무리 강조해도 지나치지 않다.

아직 우리가 구소련과 국교를 맺지 못했던 시절, 소련과 무척 가까운 핀란드를 어렵게 방문한 적이 있었다. 놀랍게도 풍부한 자연자원을 갖고 있는 핀란드는 오히려 그것을 잘 보전하기 위해 원자력 발전소를 계속 건설하고 있었다. 수력 발전소나 화력 발전소 건설이 수자원이나 화석원료 확보 때문에 자연 생태계를 더 크게 파괴한다고 믿었다.

무엇보다 경이로운 것은 원자력 발전소와 가까이 살고 있는 핀란드인일수록 원자력에 대해 더 호의적인 생각을 갖고 있었다. 이것은 원자력 발전소를 책임지고 있는 기관이 발전소 설계단계부터 시공단계 및 운영과정에 대국민 참여를 면밀하게 시도한 덕택이다. 그것으로 또한 안전수준이 한 단계 높아진 것은 말할 나위도 없다.

이제 원자력을 비롯한 과학기술이 더 이상 과학기술인의 전유물이 아니다. 사회적·인간적인 공감대를 전제로 하지 않는 한, 인류 복지는 물론 그 자체의 발전에 공헌할 수가 없다.

이곳 안탈야에서는 방사선을 쪼인 식품의 안전성에 대한 공감대 확보에 관해서 논의를 벌이고 있다. 식품에 방사선을 쪼여 살균 내지 살충 효과를 얻는다면 양질의 식품과 건강을 동시에 얻을 수 있다.

그러나 사회적인 공감대를 얻지 못하면 안전성에 대한 의혹만 증폭시킬 뿐이다. 그런 면에서 이제 자연과학과 사회과학의 본격적인 만남은 더욱 필요하다.

[매일경제(매경춘추), 1999. 10. 21]

원자력 폐기물 처리장 '해법'

미국 서북부의 워싱턴 주 동남쪽에는 핸포드(Hanford)라는 도시가 자리잡고 있다. 미연방 정부는 1940년대 소위 원자탄 개발을 위한 맨해튼 프로젝트에 의해 플루토늄 생산기지로 사막지역인 이곳을 선택하여 인공도시를 건설했던 것이다.

당시 막대한 양의 원자력 폐기물은 안전 기술의 미비로 드럼통에 넣어 지하에 매장되었었다. 세월이 흐르면서 그 드럼통은 부식되어 주변의 거대한 콜롬비아 강과 주변 지역을 오염시킨 것으로 밝혀졌다. 그러나 1989년 제정된 연방정부법에 따라, 이곳은 기존 오염의 완전한 제거뿐만 아니라 새로운 오염 제거기술 개발의 요람으로 재탄생하고 있다.

지금 원자력 폐기물 처리장 건설은 우리의 시급한 과제이다. 위와 같은 선례를 볼 때, 일부 환경단체가 주장하는 우려와 철저한 안전 장치 요구는 국가를 위해 지극히 정당하다. 또 하나의 사례로, 새만금 간척사업에 대한 환경 운동가들의 격렬한 반대도 새만금을 청정하게 유지하면서 개발하는 새로운 계획을 구상하는 데 크게 도움이 될 것이 확실하다. 적어도 국가적 난제인 시화호의 비극은 면할 것 아니겠는가. 그런 의미에서 시민단체의 주장과 행동에 주의를 기울일 필요가 있으며, 일시적으로 사회적 비용을 증가시킬지 모르지만 궁극적으로 그 반대가 될 가능성이 높다.

또한 한국의 과학기술은 상당부분 세계적 수준에 도달해 있다. 그렇다면 과학기술과 연관된 문제는 이제 전문가 집단에 맡겨도 좋다는 판단에 이른다. 특히, 원자력 기술은 원자력 발전과 안전에 관한 한 자타가 공인하는 세계적 수준이다.

그렇다면, 원자력 폐기물 처리장의 안전에 관해서도 적어도 현존하는 세계 기술 수준에서 최고의 안전성을 확보할 수 있는 위치에 있다고 여겨진다. 따라서 정치·경제·사회적 고려 사항들을 해소한 상태라면 과학기술 전문가 집단의 최종 판단을 따르는 것이 합리적인 선택이다. 심지어 거꾸로 후자의 판단을 갖고서 전자의 고려사항들을 적극적으로 해소하는 것도 매우 합리적일 수 있다.

정부는 원자력 폐기물 처리장 문제를 놓고서 무려 17년 동안이나 끌어왔다. 그 정도 많은 논란을 겪어왔으면 이제 기술 외적인 고려사항들은 어느 정도 해소되었다고 보여지며, 오직 안전 기술에 대한 전문가 집단의 기술적 판단이 최종적으로 중요하다고 여겨진다.

따라서 처리장 유치를 지지하는 집단이든 아니면 반대하는 집단이든, 원자력 안전 기술 전문가 집단을 적극적으로 활용하는 지혜가 긴요하다. 그래야 현존하는 기술 중 세계 최고의 안전 수준을 지키는 처리장을 건설할 수 있을 것이다.

원자력 폐기물 처리장 건설 못지않게 중요한 것은 원자력의 평화적 이용을 확대하는 일이다. 이미 우리 모두 잘 알다시피 보건의학 분야에서 원자력을 평화적으로 이용한 다양한 혜택을 엄청나게 많이 받고 있다. 그러나 그것을 식품 및 생명공학 분야에 응용할 때 훨씬 더 인류 복지에 기여할 수 있다. 예컨대, 여름철에 다가가면서 식중독은 우리의 가장 큰 고민거리이다. 그러나 식품에 감마선을 쪼일 경우 그런 식중독을 염려하지 않으면서 우리가 필요로 하는 식품의 영양소와 신선함을 유지할 수 있다. 이제 전력생산 중심에서 벗어나 비전력 분야로 원자력 이용을 본격화 할 때다.

지난 달 전북 정읍에서 첨단방사선이용 연구센터 착공식이 있었다. 그곳은 원자력의 평화적 이용을 위한 하나의 본보기가 될 것이다. 예컨대, 생활에 도움이 되는 많은 기술들이 개발된다면, 지금까지 국민들이 갖고 있는 원자력에 대한 부정적 편견도 크게 사라질 것이다. 따라서 그곳은 미래 원자력 연구개발의 중요한 전환점이 될 것이다.

이제 시민단체의 다양한 문제 제기도 최종적으로 과학기술의 전문가적 판단에 의존하는 시대로 나아가고 있다. 그런 만큼 과학기술계는 그들의 전문성이 사회적 책임도 공유하고 있음을 깊이 인식할 필요가 있다.

[디지털 타임즈(시론), 2003. 7. 15]

과학기술 홍보전시관, 무엇이 문제인가

핀란드의 10월은 이미 겨울의 시작이나 다름 없었다. 오전 10시가 되어야 해가 뜨기 시작하고, 오후 3시면 이미 어두워지기 시작했다. 아무리 핀란드의 원조 사우나에서 저녁시간을 보내도 밤은 여전히 너무 길게 느껴졌었다. 수도 헬싱키 근교에 위치한 새롭게 문을 연 과학관을 찾아간 김에 한국전력과 유사한 기관(IVO)을 방문한 것은 지금부터 6년 전인 1991년의 일이다.

구소련이 붕괴된 지 얼마되지 않았고, 주로 소련과의 무역에 의존하던 핀란드의 경제구조가 한 순간에 무너지면서 의회의 합의로 모든 국민의 봉급을 일률적으로 내리기로 결정한 뒤였다.

핀란드는 전체 인구라야 겨우 500만 명에 불과하고, 엄청나게 넓은 국토 면적을 가지고 있으면서도 원자력 발전소 건설을 확대하고 있었다. 우리나라와 다른 점은 전력생산을 주관하는 두 개의 회사(IVO, TVO)를 두어 서로 경쟁하게끔 하는 것이었고, 따라서 원자력 발전소 건설 및 운영도 서로 경쟁하는 체제를 유지하는 것이었다. 그 중 필자가 찾아간 곳은 우리의 한국전력과 유사한 국가투자기관 IVO였다.

IVO의 홍보실장은 원자력 발전소의 건설 및 운영을 둘러싸고 전개하는 다양한 대국민 홍보활동을 치밀하게 약 1시간에 걸쳐서 브링핑해 주었다. 지금까지 기억에 생생하게 남아있는 것은 원자력 발전소 주위에 거주하는 주민집단일수록 원자력 발전소에 대해서 매우 호의적인 태도를 갖고 있으며, 오히려 발전소 건설을 더 많이 유치하려고 노력한다는 점이다.

따라서 발전소 부지선정을 둘러싸고 주민과 벌어지는 갈등은 거의 없다고 하였다. 심지어 소련의 체르노빌 원자력 발전소 사고가 난 뒤에도 여론 변동에는 커다란 차이가 나타나지 않았다고 한다. 단지, 녹색당을 중심으로 의회 내의 예산확보 과정에서 일어날 수 있는 반대를 염려하여 대국민 홍보활동을 폭넓게 전개하고 있다고 하였다.

이런 좋은 결과를 얻기까지는 물론 매우 효과적인 홍보전략을 세우고, 홍보활동을 전개하고, 아울러 정확한 홍보효과 측정을 실시하면서 끊임없이 개선 노력을 수행한 덕택이다. 그날 필자에게 보여준 자료들은 비우호적인 집단이나 계층을 정확하게 발굴하고, 그 대상들을 향해서 집중적으로 홍보활동을 전개하고, 그리고 나서 변화된 모습을 평가한 것들이었다. 사실 지금까지 계속 보내오는 홍보활동 연간평가서를 보면서, 그들이 원자력 발전소의 기술적 안전도를 높이는 것 못지않게 과학적 홍보활동에 얼마나 잘 대처하고 있는가를 쉽게 깨달을 수 있었다.

우리나라에서 과학기술과 연관시켜 홍보문제에 신경을 쓰게 된 것은 매우 최근의 일이라고 생각한다. 특히 원자력 발전소의 안전 문제와 연관하여 과학기술 홍보에 관심을 갖기 시작했다.

일반적으로 우리나라의 과학기술 홍보는 홍보용 전시관을 건설하는 데 치중한 면이 크다고 볼 수 있다. 예컨대, 원자력 전시관을 원자력 발전소 입구에 건설한다든지, 첨단통신기술의 중요성을 홍보하기 위해서 한국통신 홍보전시관들처럼 전시관을 전국 곳곳에 설치한다든지, 또는 다른 기술 중심의 기업들은 그들 나름대로 공장 입구에 기술 전시관을 설치한다든지 등이다.

사실 이런 전시관을 건설하고 설치하는 데 엄청난 비용이 들어간다. 왜냐하면 모두 그 시대의 가장 최신의 시설을 선보여야 하기 때문이다. 그리고 전시에 들어간 첨단 기술 장비들이 늘 고장없이 유지되기 위해서는 상당한 유지보수비가 요구되기도 한다.

우리의 과학기술 홍보는 이렇게 전시관만 세우고, 문을 열면 저절로 이루어진다고 믿는다. 심지어 정부기관인 과학기술처에서 운영하는 대전 및 서울의 국립과학관들도 마찬가지이다. 그들은 겨우 방학 때나 학생들이 숙제하러 좀 다녀갈 뿐 거의 파리만 날고 있는 상태이다.

교육부에서 운영하는 전국의 과학교육관들도 비슷한 상태이다. 그저 반강제적으로 동원된 학생들이 얼마나 많이 다녀갔느냐가 홍보효과의 전부인양 평가되어지고 있다. 머리 수만 헤아리면 홍보효과의 크기를 정확하게 산정할 수 있는 것으로 믿고 있다.

한마디로 우리의 과학기술 홍보는 하드웨어 중심이라 할 수 있다. 그러나 쉽게 상정할 수 있는 것은 아무리 좋은 하드웨어를 갖추어도 그것을 움직이는 소프트웨어가 좋지 않으면 결코 소기의 성과를 거둘 수 없다는 점이다. 핀란드의 경험에서 얻을 수 있는 점도 바로 그런 치밀한 소프트웨어 중심의 홍보전략이었다.

지금 대전엑스포 지역에 설치된 시설들은 물론, 한국전력, 한국통신, 그리고 재벌급 대기업들은 곳곳에 과학기술 관련 홍보전시관을 갖추고 있다. 그러나 그들이 그것을 짓는데 그리고 유지하는데 들이는 비용에 비해 얼마나 홍보효과를 얻고 있는지 대단히 의문이다. 대부분 전시용에 그치고 있다는 것이 필자의 견해이다. 최소한 홍보효과를 거두려면 그 전시관을 통해서 관련 과학기술에 대한 이해를 높일 수 있어야 하고, 나아가 그런 이해가 바로 기업의 이미지와 연결되도록 고안되어져야 한다.

과학기술 홍보는 전적으로 과학커뮤니케이션 원리의 활용 영역이다. 과학기술은 다른 분야와 달리 커뮤니케이션에 따르는 장애물들이 너무나 많다. 재미없이 어렵기도 할 뿐만 아니라 복잡성은 이루 말할 수 없고, 그리고 생활과의 연관성도 간접적인 경우들이 많기 때문에 특히 그러하다. 따라서 사람들이 과학기술에 대한 이해에 도달하려면 반드시 정교한 순서를 따라서 나아가지 않으면 안된다.

예컨대, 우리가 원자력 발전소의 안정성을 이해하려면 원자력에 대한 이해, 발전소에 대한 이해 등의 순서를 치밀하게 밟아가지 않으면 결코 바람직한 이해에 도달할 수 없다. 단순히 단편적인 발전소 하나를 구경하거나 전시관을 둘러본다고 해서 이루어지는 것은 아니다. 이런 과정을 밟아서 이해를 낳게 하려면 흥미와 주목을 동시에 수반하도록 커뮤니케이션 테크닉이 개발되어져야 한다. 바로 이런 점들 때문에 과학커뮤니케이션의 원리를 활용하는 노력이 특별히 요구되어진다.

과학기술 홍보효과를 성취하려면 사실상 하드웨어의 설치에서부터 과학커뮤니케이션 원리들을 활용해야 한다. 그래야 하드웨어가 소기의 성과를 이룩할 수 있고, 그런 가운데서 하드웨어를 활용하는 소프트웨어의 개발과 활용의 극대화가 가능해진다.

그러나 필자는 과문한 탓인지 모르지만 지금까지 과학기술 홍보전시관들이 그야말로 과학적인 홍보전략 아래 설치되고 운영되고 있다는 소리를 들어본 적이 없다. 그냥 하드웨어만 비치하면, 좀 더 심하게 말해서 방치하면, 홍보효과는 저절로 이루어지는 것으로 믿는 것처럼 보인다. 이것은 전시관의 공간 매입, 하드웨어의 설치 및 유지에 엄청난 비용을 아무런 효과 없이 쏟아붓는 것에 다름없다.

이제 그런 낭비를 끝내고, 보다 치밀한 과학커뮤니케이션 원리들을 활용해서 과학기술 홍보에 나설 시점이 되었다. 안 그러면 끊임없이 원자력을 비롯한 과학기술에 대한 맹목적인 국민적 저항으로부터 벗어날 길이 없고, 국가의 발전은 그만큼 더딜 것이다. 본격적으로 과학커뮤니케이션 이론을 활용하는 과학기술 홍보전략의 연구를 촉구하는 바이다.

[한국전력기술(주) 사보 《한기》 칼럼, 1997. 8]

과학과 '국민 유대감'

4월 '과학의 달'도 다 지나가고 있다. 노무현 대통령은 4월 21일 '과학의 날' 기념식에서 과학기술자들을 국가의 고위 정책결정 라인에 대거 기용하겠다고 선언했다. 그리고 과학문화재단이 대학로에서 개최한 '거리과학축제'를 비롯하여 전국적으로 다양한 대국민 이벤트들이 열렸다. 지금 과학자가 아닌 일반 국민의 입장에서 되돌아볼 일은 '과학의 달'을 통하여 얼마나 과학기술의 중요성에 대한 공동체 유대감을 형성했는가이다.

지금 세계는 일반 국민과 과학기술의 상호관계에 대해 두 가지 큰 논쟁에 빠져 있다. 하나는 일반 국민의 과학기술에 대한 공동체 유대감을 어떻게 형성하느냐에 대한 과제이다.

이것은 미국 과학진흥협회(AAAS)의 레스너(Leshner) 회장이 금년 2월 14일 협회주간지 '사이언스' 권두언에 '과학기술 관련 공동체유대감 진흥센터'를 설치하겠다는 선언과 함께 촉발되었다. 다시 말해서 이제 과학계는 금연캠페인이나 환경캠페인의 성공처럼, 과학기술 지식을 유익하게 활용하는데 일반 국민의 참여를 불러오도록 적극적으로 나서야 하며, 그것을 통해 과학기술에 대한 일반 국민의 이해를 높일 수 있다는 주장이다.

또 다른 논쟁 하나는 과학기술에 대한 일반 국민의 이해 수준을 어떻게 측정하느냐에 대한 것이다. 이것은 세계과학커뮤니케이션학회(PCST)의 회원들 사이에 격렬한 논쟁을 불러일으키고 있는데, 그 이유는 가장 타당한 과학기술 국민 이해 측정 방법을 확보해야만 일반 국민을 향한 과학커뮤니케이션의 진정한 효과와 수단을 개발할 수 있다는 절박함 때문이다. 지금까지 미국에서 개발된 측정 방법이 전 세계적으로 사용되고 있으나 거의 유용성이 없는 것으로 밝혀지면서 심각한 고민에 빠져있다.

이 논쟁에는 필자도 가담하였는데, 위의 문제점 때문에 과학기술 국민 이해를 측정하는 혁신적인 새 모델을 개발하고 있기 때문이다. 이미 우리의 과학기술계에는 발표한 바 있지만, 아직 세계학계에 소개한 바 없다. 이번 논쟁 과정에서 맛뵈기로 소개했더니 유럽연합 이사회를 비롯하여 다양한 곳들에서 한글로 쓰여진 논문에 대한 요청이 쇄도하고 있다.

그것은 한마디로 일반 국민의 과학기술에 대한 공동체 유대감을 높이는 길은 그들의 관심거리를 걸고 넘어질 때 가능하며, 그런 과정에서 과학기술에 대한 이해도 증가되어진다는 점을 중시한다. 예컨대, 지금 우리 국민의 최대 관심사는 급성호흡기장애로 죽음까지 불러오는 '사스(SARS)' 확산과 북한의 '핵무기' 소유이다. 그렇다면, 과학기술계와 국가가 전적으로 나서서 그 문제들을 해결하는 모습을 보일 때, 과학기술에 대한 일반 국민의 공동체 유대감이 형성될 수 있고, 나아가 병리학과 핵물리학 자체에 대한 일반 국민의 이해도 증진될 수 있다.

따라서 지금 필요한 것은 대통령이 정치, 경제, 외교 등 잡다한 과제를 놓고 TV를 통해 대국민토론회를 할 것이 아니라, '사스' 내지 '핵무기' 중 하나의 의제만 놓고 전문과학자들과 대토론회를 개최하는 일이다. 그래야 대통령과 일반 국민이 공동체 유대감을 형성할 수 있다. 그리고 부수적으로 과학기술에 대한 일반 국민의 이해도 증진할 수 있으며, 무엇보다 국가의 난제를 본질적으로 극복하는 지혜를 공유할 수 있다.

사스와 핵무기의 본질은 과학기술과 연관된 것임에도 불구하고, 지금 우리는 지나치게 정치적, 경제적, 그리고 외교적 측면만 강조하고 있다는 생각이다. 그래서 연일 정치외교 내지 경제 전문가 중심의 언론을 통한 대국민토론이 진행되고 있다. 과학기술계는 전문가도 지도자도 없는 집단인 것 같다. 그러고서 어떻게 과학기술에 대한 '일반 국민'의 공동체 유대감을 높이겠다는 것인지 생각해 볼 일이다.

대사회적 리더십과 전문성을 갖춘 과학기술계를 아쉬워하면서 4월은 예전처럼 흘러가고 있다는 느낌이다.

[디지털 타임즈(시론), 2003. 4. 29]

2장 한국의 과학문화

대통령의 과학기술

이제 한달내에 새 대통령을 맞이한다. 돌이켜 보면, DJ는 YS보다 적어도 과학기술정책에 관한 한 더 많은 업적을 남긴 것으로 기록될 것 같다. 우선, YS시절 과학기술부장관은 일종의 나눠먹기식 자리로 재임 5년 동안 가장 자주 장관이 바뀐 곳이기도 하다. 그래서 어떤 정책도 일관성을 가질 수 없었고, 인건비를 벌기 위해 보따리 장사꾼으로 내몰린 과학기술자의 자존과 사기는 곤두박질쳤었다.

DJ시대에 와서는 민주당과 자민련의 공동연합정부라는 정신 아래, 과학기술부는 한동안 소위 JP의 손아귀에 들어있었다. 그럼에도 불구하고, 국가과학기술위원회의 설치와 더불어 과학기술인의 사기 진작, 정부 예산 대비 연구개발 예산에 대한 대폭적인 개선이 있어 왔다.

흔히 DJ의 가장 큰 업적은 IMF 위기를 조기에 극복한 것으로 언급된다. 그러나 필자는 어디엔가 그것에 대해 강한 비판을 한 적이 있다. 나의 견해는 차라리 그 때 국민들로부터 허리띠를 더 오래 졸라매자고 간

청했어야 했고, 그리고 나서 국가의 근본 경쟁력을 높이기 위해 과학기술력의 증진에 모든 정부 예산과 인력을 쏟아붓겠다고 선언했어야 했다는 것이다. 그렇게 했더라면, 아마 재임 5년 동안 우리의 과학기술력은 엄청나게 달라졌을 것이다. 그런 사례로 제2차 세계대전 후 농업국가에서 첨단 공업국가로 도약시킨 프랑스 드골 대통령의 결단을 들었다.

위기는 언제나 있게 마련이다. 지금 한반도는 21세기 과학기술력이 가장 부정적으로 활용될 수 있는 지구촌의 중심에 자리잡고 있다. 원자력의 파괴적 이용 사례인 북한 핵폭탄의 제조 위협, 생명공학기술의 비윤리적 활용을 대표하는 사이비종교 집단의 한국인 생명복제 가능성, 그리고 인터넷의 잘못된 활용이 가져온 국가기간 통신망의 가공할 파괴력 경험 등. 이들은 분명 한반도 내지 지구촌의 위기이며, 동시에 과학기술력의 위기이기도 하다.

그러나 이런 위기를 극복하는데 대통령의 과학기술관(觀)은 너무나 중요하다. 과학기술력을 근본적으로 향상시켜 국가의 기본을 튼튼하게 하는 일, 과학기술의 부정적 활용을 극소화시키기 위해 국민의 과학문화에 대한 인식을 건강하게 만드는 일, 심지어 그런 부정적 활용에 대처하는 과학기술력의 대안 마련 등이 모두 대통령의 과학기술 지도력에 달려 있다.

환경오염이라는 부산물을 제거하는 대안기술에 초점을 맞춘 청정기술 개발처럼, 우리는 얼마든지 과학기술의 부정적 활용을 제어하는 과학기술력을 또한 창출할 수 있다.

어떤 문제나 위기에 대해서 그 타개책의 중심에 과학기술력을 두는 일이야말로 21세기 지도자가 갖추어야 할 가장 중요한 덕목임에 틀림없다. 그러기 위해서 인력과 돈의 적절한 배치도 중요하다. 그런 까닭으로 과학기술계는 과학기술 수석비서관이나 과학기술특보를 두라는 요청에서부터 정부 예산 중 연구개발 비용을 더욱 확대하라는, 공직에 과학기술자를 더 많이 배치하라는, 과학기술자를 국회의 비례대표에 대량 할당하라는, 그리고 지방과학단지를 육성하라는 등의 요구가 빗발쳤다. 그리고 선거기간 중 노무현 당선자도 그것을 실천하겠다고 공약했었다.

그러나 이 모두를 실천하기는 매우 어렵고, 사실 그런 인력과 돈의 배치가 실현된다고 해서 과학기술력이 높아진다고 보장되지 않는다. 이것보다도 더 중요한 것은 나라의 위기와 문제가 발생할 때마다, 그 해결책의 중심에 과학기술력이 존재하고 있다는 대통령의 인식과 그런 인식을 공개적으로 국민에게 자주 언급하는 일이다. 과학기술 중심사회를 구현하겠다는 대통령의 의지는 이런 핵심 인식의 전달만으로도 충분히 소기의 파급 효과를 창출할 수 있다.

과학기술을 국민의 핵심 의제로 자리잡게 하는 일, 소위 공공과학(public science)의 성취는 최고 지도자만큼 효과적인 수단이 없다.

지금 우리를 압박하고 있는 내외적인 환경을 살펴볼 때, 오직 국가를 살리는 길은 과학기술력밖에 없다. DJ가 '관광 한국'을 건설하기 위해서 광고모델이 되었던 것처럼, 노무현 당선자는 '과학 한국'을 건설하기 위한 광고모델이 될 용의는 없는지 모르겠다. 그래서 텔레비전이나 영화관에서 국가의 비전을 볼 수 있도록 말이다.

사이버시대와 서울과학관

정부의 대학 개혁 차원에서 권장된 사이버 강의가 이제는 대학자율로 급속하게 확산되고 있다. 정해진 시간과 장소에 구애됨이 없이 이루어질 수 있는 사이버 강의는 분명 교육 소비자인 학생들에게 편리하다. 필자도 처음으로 다음 학기에 '벤처와 커뮤니케이션'이라는 과목을 사이버 강의로 진행할 예정이다. 분명 사이버 강의는 대학의 전통적 강의실 강의에 대한 일대 혁명임에 틀림없다.

그럼에도 불구하고 최근에 대학을 방문한 사람들은 놀라운 사실을 발견할 것이다. 즉, 대학은 날림으로 세워진 옛 건물들을 대체하는 것도 아니면서 새 건물들을 세우느라고 정신없다. 사실 그런 건물 위주의 대학팽창이 급격하게 강의실을 대체할 사이버 강의 시대에 적절한 것인지 의문이다. 그렇다면 대학이 호소하는 재정난은 혹시 그런 낭비적 요인으로 발생하는 것은 아닌지 따져볼 필요가 있다.

사이버 강의가 아무리 대학의 공간적, 시간적 한계를 뛰어넘는다 하더라도 넘지못할 장벽이 있는 것은 사실이다. 그것은 바로 체험 위주의 교육이다. 특히 기자재를 수반하는 실험, 실습 교육은 불가피하게 전통적인 학교시설 이용을 요구한다. 예컨대, 이공대학의 복잡한 실험, 텔레비전 제작, 체육 실습을 동반하는 과목들을 어떻게 사이버 강의로만 만족시킬 수 있겠는가.

그러나 사이버 세계가 단순히 이해와 감상만을 목적으로 한 것들에 대해서는 매우 적절한 대체 수단이 될 수 있다. 사이버 미술관과 사이버 박물관이 그 대표적인 것들이다. 현대 미술품을 감상하기 위해서 과천의 산속에 자리잡고 있는 국립현대미술관이나 나아가 금문교 입구에 자리잡고 있는 샌프란시스코 현대미술관을 직접 찾아갈 필요가 없다. 왜냐하면 사이버 미술관에서 그들 작품들을 충분히 감상해 볼 수 있기 때문이다. 사이버 박물관에서 고대 유물들을 감상할 수 있는 것도 마찬가지이다. 어차피 우리는 미술관과 박물관에 전시되어 있는 전시물들을 이해하고 감상할 뿐이지 결코 체험할 수 없는 조건이다.

반면에 샌프란시스코 현대미술관에 붙어있는 과학관(科學館)에는 각종 실험 기자재를 두드리고, 만지고, 돌리고, 작동시키는 청소년들의 체험소리가 요란하다. 적막감이 감도는 미술관과 난타소리로 요란한 과학관의 분위기는 너무나 대조적이다. '익스플로러토리엄(Exploratorium)'이란 이름을 가진 그 과학관은 미국 원자탄 개발의 주역이었던 로버트 오펜하이머의 동생 프랭크 오펜하이머가 1969년에 창설한 것이다.

사실 그 두 형제는 원자탄 개발에 함께 참여하였으나 수소폭탄 개발을 거부하면서 당시에 불어닥친 극단적인 반공주의 바람인 매카시즘으로 인해 사상적 의심을 받기도 했다. 동생 프랭크는 그 후유증으로 과학대중화운동에 뛰어들었으며, 세계 최초로 '체험적' 과학관의 이념을 구현시킨 것이 바로 샌프란시스코 과학관이다.

과학관이 미술관, 박물관과 다른 점은 단순히 전시물을 이해하고 감상만 하는 곳이 아니라 체험을 통하여 과학기술의 원리를 체득케하는 데 있다. 그것은 곧 학교의 강의교육에 대한 실험, 실습교육의 현장으로 기능할 수 있는 곳이다. 그러므로 사이버 과학관을 아무리 잘 꾸민다 하더라도 그런 실제 과학관의 체험 기능을 도저히 따라갈 수가 없고, 그렇기 때문에 사이버 과학관은 사이버 미술관이나 사이버 박물관과는 달리 기능면에서 큰 한계를 가질 수밖에 없다.

어느 나라이든 수도에는 그 나라를 대표하는 과학관이 자리잡고 있으며 그것은 비단 교육 장소로서뿐만 아니라 외국인들이 그 나라의 과학기술 환경을 경험하는 관광코스이기도 하다.

그러나 우리의 경우 창경궁 옆에 초라하게 자리잡고 있는 국립서울과학관은 오히려 외국인들이 올까봐 걱정될 정도로 열악한 상태에 있다. 협소한 공간, 체험과는 거리가 먼 낡은 전시물 등은 수도 서울을 대표하고 선진국으로 도약하는 우리의 수준을 내보이기에는 너무나 부끄러운 상황이다.

이제 진정 선진국을 향한 과학기술문화를 육성하고, 청소년들을 위한 체험 위주의 과학교육을 보강시켜 주기 위해서, 그리고 무엇보다 수도 서울을 상징하며 외국인들의 관광장소로까지 기능할 수 있는 대표적 과학관을 서울에 새롭게 건설해야 한다. 그래야 2002년 월드컵 주최국가로서 최소한의 체면을 갖출 수 있지 않겠는가.

2장 한국의 과학문화

최고 통치자의 사고방식 :
과학기술처와 공보처

아 마도 새로운 최고 통치자가 들어설 때마다 교육개혁과 행정개혁을 기치로 내걸지 않은 정권이 없었던 것 같다. 특히, '작은 정부'는 역대 정권의 한결같은 목표였고, 그래서 행정개혁위원회 설치는 언제나 새로운 정권의 첫 활동을 알리는 신호탄이었다.

문민 정부, 문민적 정부, 아니 김영삼 정부도 물론 예외는 아니었다. 행정개혁위원회는 즉시 설치되었고, 정부 부처의 대대적인 통폐합이 전개될 것임을 예고하였다. 그런 예고가 나올 때마다 가장 먼저 도마 위에 올라가는 것은 다른 정권들에서도 그랬던 것처럼 과학기술처와 공보처였다. 과기처 활동은 과학재단이 하고 있고, 공보처 활동은 각 정부 부처의 공보실이 하고 있었기 때문에, 과기처와 공보처는 정부의 대표적인 예산 낭비 부서들이라는 것이다.

이 도전에 대처하기 위해서 과기처와 공보처는 범부처 차원에서 본격적인 로비활동을 전개하기 시작했다. 과기처는 행정개혁위원들이 많이 소속되어 있는 서울대 행정대학원에 큰 프로젝트 하나를 던져 주었고, 공보처는 차라리 청와대 로비가 더 쉬운 채널이었다. 어쨌든 모든 로비는 성공이었고, 두 부처는 건장하게 살아남을 수 있었다. 그러나 정직하게 표현해서 로비에 성공한 것이 아니라 본래 그런 큰 행정개혁은 용두사미로 끝나는 것이 상례였다. 그래서 남은 것은 지하철 내의 천장 광고판에 남아있는 "민원을 받습니다. -행정개혁위원회-"류의 자잘한 행정절차 줄이기 광고이다.

과기처와 공보처가 다함께 살아 남았지만, 우리는 김영삼 정부에서 그들이 각자 산길은 매우 판이하게 다름을 목격하게 된다. 과기처는 장관이 네 번이나 바뀌는 변화를 겪었고, 공보처는 장관이 한번도 바뀌지 않는 무풍지대를 구가하였다. 무엇이 이런 차이를 만들어냈을까. 한마디로 최고 통치자의 사고방식 말고는 그 차이가 난 이유를 설명할 길이 없다고 여겨진다.

과학기술정책과 공보정책, 그들 중 어느 것이 더 일관성을 필요로 하는 것인가를 묻는다면 아마 중학교 정도만 졸업한 국민이라도 금방 전자를 언급할 것이다. 과학기술은 교육처럼 결과가 장기적으로 나타나는 분야이고, 공보활동은 순간적으로 결과가 나타나야 하는 분야이다. 따라서 과학기술정책은 일관성을 유지해야 소기의 성과를 기대할 수 있고, 공보정책은 상황에 따라 변화무쌍한 전략을 구사해야 소기의 성과를 얻을 수 있다. 그렇다면 해당부처의 정책방향을 이끌어갈 장관이 과기처와 공보처 중 어느 부처에서 더 자주 바뀌지 말아야 하는 것인가는 너무 뻔한 질문이 아닌가.

반드시 내각제가 아니더라도 장관직은 또한 정책활동에 명확하게 책임지는 자리이다. 물론 책임지기 위해서는 정책의 결과가 선명하게 나타나기 때문에 책임질 경우도 공보처에 더 많다고 볼 수 있다. 그럼에도 불구하고, 과기처 장관은 걸핏하면 바뀌고, 공보처 장관은 한번도 바뀌지 않는 것을 어떻게 설명하겠는가. 최고 통치자의 사고방식, 그것 말고는 설명할 길이 없다.

적어도 두 분야를 상당히 알고 있다고 생각하는 필자의 소견으로는 공보정책의 실패가 과기처정책의 그것보다 훨씬 더 심각하다. 심지어 역대 정권 중 정권홍보 내지 정부홍보에서 가장 실패한 것으로 보이기도 한다. 예컨대, 엄청나게 좋은 개혁들을 해 놓고도 국민들에게 지속적인 설득 활동을 펴지 못하여, 지금와서는 개혁들이 오히려 국가 발전의 커다란 장애물이었던 것처럼 여기게 만들어버렸다. 국민의 정신 세계를 이끌어갈 언론정책도 소나기식 허가만을 남발하여 유선방송, 위성방송, 공중파방송, 재벌언론 등의 낭비와 남용이 치유불능의 상태에 있다. 지난 번 대통령의 연두기자회견은 김영삼 정권의 대국민 공보정책을 여실히 반영하는 것이었다. 대통령의 교만하고, 마치 포대기에 쌓여있는 어린애같은 안이한 자세는 드디어 국민들의 엄청난 분노를 자아내지 않았는가.

과기처 정책들이 미디엄테크 강조에서 정부지원 연구원의 경쟁력 높이기 정책 및 과학기술 특별법 제정 노력 등으로 왔다리갔다리 했지만, 그래도 그들은 효과가 나중에 나타나기 때문에 즉각적으로 책임질 일들은 아니다. 그런데도 최고 통치자가 과기처장관을 자주 갈아치우는 데야 어떡하랴. 보다 비판적으로 말하면, 과기처장관 자리는 국가와 과학기술정책을 얼마나 잘 이끌어갈 것인가에 대한 배려에서 임명되는 것이 아니라, 그저 최고 통치자가 주변에 있는 인물을 쉽게 돌리는 액세서리식 자리이다. 이런 행태를 최고 통치자의 사고방식말고 무엇으로 설명하겠는가.

그러나 이제 곰곰이 생각해 보자. 과연 이런 문제를 최고 통치자의 사고방식 탓으로만 돌릴 수 있겠는가.

적어도 필자는 그렇게 생각하지 않는다. 역시 문제의 덤터기는 '과학기술계'가 져야 한다. 그들은 사회를 향해서 그들 존재의 중요성을 알리려고 언제 한번 본격적으로 발벗고 나서본 적이 있는가. 하얀 가운을 입고 폐쇄된 연구실에 쳐박혀서 연구만 몰두하면 정치가들이 발벗고 나서서 특별법을 제정해 주고, 국민이 더 많은 세금을 내 주리라고 기대하는 것은 이제 완전히 시대착오적인 사고방식이다. 권위주의적 통치시대는 끝났고, 국민들은 따지기 시작했으며, 최고 통치자는 국민의지가 보이는 곳에 주목하기 마련이다.

과학기술계는 이제 스스로 사회에 뛰어들어야 한다. 과학기술에 관심 있는 정치 지도자를 선별적으로 지지해 주어야 하고, 그래서 그런 지도자가 최고 통치자가 되도록 만들 때 과기처와 과학기술계가 비로소 제자리를 찾을 수 있다.

또한 과학기술인들은 국민을 향해서도 그들 존재의 중요성을 알리는 설득전에 공격적으로 나서야 한다. 예컨대, 내년에 우리나라에서 열릴 아시아태평양 청소년 과학축전 등에 적극적으로 봉사해야 한다. 국민이 고맙게 생각할 때 지원은 쏟아지고 최고 통치자의 사고방식도 바뀌는 것이다. 과학기술계에도 사고방식의 기존 패러다임을 바꾸는 혁명이 너무나 절실하게 요구되고 있다!

[《우리과학기술》 창간호 과학비평 칼럼, 1997. 2. 3]

미래의 한반도 시스템

20세기는 시스템(system)의 시대였다. 인간, 자동차, 가정, 조직, 사회, 국가, 심지어 문화 및 사고구조까지 시스템의 관점에서 바라보았다. 경험주의 철학의 태동지 비엔나에서 시스템철학을 창시한 본 버트랜피(von Bertalanffy)는 생물학 연구에서 얻어진 시스템 관점을 인문사회과학의 영역으로 확장시켰다. 그래서 우리는 어떤 시스템이든 안정을 찾으려면 내적 평형(equilibrium) 상태를 유지해야 하고, 성장 발전을 도모하려면 외부 환경의 변화를 수용해야 한다는 원리를 배웠다.

지금 약간 주춤거리고 있기는 하지만, 이미 우리는 남북한이 서로를 인정하고, 그것을 수용하는 현실을 경험하고 있다. 누가 뭐래든 국민들의 인식지도에는 남북한이 하나의 생활 공간으로 서서히 자리잡아가고 있다. 그러나 남북한은 각자의 안정을 위해 현재의 정체성을 그대로 유지해야 하고, 동시에 성장 발전하기 위해서는 상대방이라는 외부 환경을 적절히 인정하고 수용해야 한다. 적어도 시스템의 관점에서 볼 때, 그 길만이 한반도의 시스템이 붕괴되지 않고 살아남는, 아니 동반 성장할 수 있는 유일한 길이다.

그런데 외부 환경 변화의 수용은 필연적으로 가치의 혼란을 가져온다. 그것은 늘 익숙하던 것에서 새로운 것을 받아들이는 것이기 때문이다. 새 며느리를 맞이하면서 그녀가 들여온 새로운 조리방식, 종교, 관습 내지 가풍을 경험하는 것과 같다. 가정시스템이 유지되기 위해서는 그 이색적인 것들을 흡수하면서 기존의 것으로 소화해 내는 노력을 기울여야 한다. 따라서 당분간 그 가정에 부분적으로 가치의 혼란이 있게 마련이다. 지금 우리 사회가 주춤거리며 겪고 있는 혼란도 바로 그런 것이다.

만약 우리가 추구해야 할 새 가치를 '한(韓)민족공동체'로 삼는다면 그것은 너무나 감성적(感性的)이다. 왜냐하면 무엇을 위한 민족적 공동체인가라는 물음 때문이다. 안정과 평화를 위한 것이기도 하다. 그러나 본질적으로 한민족의 '삶의 질'을 높이기 위한 것이 아닐까. 그래야 상대방과의 차이를 인정하는 가운데 협력이 가능해지고, 오히려 색다른 '차이'를 서로 창조적인 부가가치로 연결시킬 수 있다.

과학기술력은 '삶의 질' 향상에 필수적이다. 그것은 경제 발전, 친환경적 생활 및 공동체 문제해결의 관건이다. 그렇다면 한민족을 공동체로 엮어주는 중심에 과학기술을 두어야 한다. 어찌된 일인지 남북논의에서 인적교류에만 초점을 두고, 한민족의 삶의 질을 높이기 위한 과학기술 협력을 경시하고 있다는 느낌이다. 자유민주주의와 자본주의가 우리 시스템의 안정과 발전에 기여했다면, 이제 과학기술력은 우리만이 아니라 한민족의 시스템을 성장 발전시키는 21세기 가치로 볼 필요가 있다.

시스템 관점의 장점은 시각의 확장을 가져온다는 점이다. 예컨대, 가정시스템에서 사회시스템, 사회시스템에서 국가시스템을 보는 것이다.

그렇다면 이미 우리의 인식지도에 자리잡은 한민족의 시스템을 동북아 시스템으로 확장할 필요가 있다. 그래서 동북아공동체의 삶의 질을 꿈꾸자는 것이다.

유럽 각국들이 독일을 미워하면서도 유럽공동체를 실현하는 미래지향성에서 통 큰 교훈을 얻자. 물론 지금 일본의 역사교과서 왜곡과 과거 제국주의적 대동아공영권(大東亞共榮圈) 주창을 용서할 수 없다. 그렇다면 우리의 '주도'로 새 동북아시스템의 확장을 준비해 보자.

스위스 국제경영개발원(IMD)이 발표한 2000년도 과학기술경쟁력 평가에서 일본은 2위, 한국 22위, 중국 28위, 북한 계산불능인 상태로 큰 차이를 보여주고 있다. 이것은 '기업경영환경'의 관점에서 계산된 지표이기 때문에 순수 과학기술력의 타당한 지표라고 볼 수는 없다. 그럼에도 불구하고, 이런 차이들을 극복하려는 노력을 할 때 동북아공동체의 번영과 삶의 질이 향상될 수 있을 것이다. 그리고 그것은 전적으로 동북아 국가들 사이의 '과학기술 협력'에서만 가능하다.

역설적으로 지금 우리가 겪고 있는 가치의 혼란은 시각(視角)의 확장을 가져올 수 있다. 상대방과의 차이들을 용해(溶解)하면서 새로운 가치를 형성할 때 시스템의 안정과 발전이 동시에 가능해진다. 한반도는 지금 그런 상황에 처해 있다. 한민족의 삶의 질, 나아가 동북아의 삶의 질은 21세기의 새로운 가치지향점이다. 그것을 위해서 우리의 과학기술력, 그리고 우리의 주도로 남북한과 동북아를 묶어줄 수 있는 과학기술 국제협력 추진을 이 4월 '과학의 달'을 넘기기 전에 생각해 볼 때이다. 과감하게 그런 동북아 시스템의 관점에 도전하지 않고는 우리 민족의 앞길이 너무나 불투명하다는 생각이다.

[문화일보(포럼), 2001. 4. 24]

에너지 절약 가능한가

매년 여름철마다 가장 빈번하게 등장하는 뉴스 중 하나는 최대 전력소비량의 기록 경신이다. 사실, 해마다 에어컨 판매량은 증가하고, 그런 만큼 전력소비가 늘어나는 것은 당연하다. 문제는 그 전력을 생산하는데 소비되는 주 원료인 원유를 전적으로 수입에 의존하고, 그 값이 배럴당 10달러 하던 것에서 26달러로 치솟고 있다는 점이다. 에너지 소비량 세계 10위, 석유 소비량 세계 6위 및 석유 수입 세계 4위는 오히려 우리의 경제 규모 세계 11위가 갖고 있는 취약성을 대변해 주는 것이기도 하다. 그렇다면 에너지 절약은 진정 국가적 과제이다.

그러나 결론부터 이야기하면 에너지 절약은 불가능하다. 이미 국민들은 에어컨이 가져다 주는 '삶의 질' 향상을 너무나 감격스럽게 경험하였다. 따라서 자연바람, 선풍기 또는 아무리 비싼 전기료도 에어컨 효과를 거의 대체할 수 없는 상태에 이르렀다. IMF 사태를 맞이하여 잠깐 주춤하던 자동차 행렬이 곧 되살아난 것도 같은 이치이다. 문명의 이기가 가져다 주는 삶의 질 향상을 맛본 이상, 그것을 줄이거나 대체하는 것은 인간 조건의 특성상 거의 불가능하다. 그렇다면 대안은 에너지 절약이 아니라 보다 많은 에너지 생산이다.

우리가 산업발전, 경제발전, 그리고 삶의 질 향상을 추구할수록 에너지 소비량은 증가할 것이다. 그런 필요를 충족시키기 위한 에너지 생산 방법은 주로 수(水)자원, 화석연료(석유, 석탄, 천연가스) 그리고 원자력을 이용하는 것들이다. 다른 방법들(태양열, 풍력, 핵융합)은 사회경제적 내지 과학기술적으로 아직 큰 타당성을 확보하지 못하고 있다. 지금 우리에게 주어진 수자원 부족과 댐 건설에 따르는 자연파괴 그리고 화석연료의 전적인 수입 의존과 이산화탄소 발생에 따르는 지구 온실효과 등은 불가피하게 에너지 생산 증대의 유일한 대안으로 원자력 발전을 선택하게끔 유도하고 있다.

지금 원자력 발전소에 대한 논란은 전(全)지구적이다. 체르노빌 사고에서 보듯이 잘못될 경우에 가져오는 재앙은 그것이 갖고 있는 많은 장점들(효율성, 재활용, 환경친화성)을 크게 위협하고 있다. 예컨대, 국가 전력의 75%를 충당하고 있는 프랑스의 경우에도 원자력 발전소에 대한 국민의 호의적인 지지가 체르노빌 사고 이후 급격하게 감소하고 있다. 이것은 곧 원자력 발전을 증대시키기 위해서는 두 가지, 즉 '전지구적'으로 사고가 일어나지 않아야 한다는 점과 국민의 호의적인 지지가 필수적임을 말해 준다. 전자는 국제원자력기구(IAEA)와 같은 국제기구의 임무이고, 후자는 해당 국가의 임무이다.

에너지 절약이 아니라 소비 증대, 그리고 원자력 발전소를 통한 전력 증대가 우리의 가장 현실적인 유일 대안이라면, 무엇보다 운전 중인 16기의 원자로들과 건설 중인 4기의 원자로들에 대한 안전성을 극대화시키는 것이 가장 중요하다. 다음으로 원자력 발전에 대한 국민의 호의적인 인식일 것이다. 사실, 안전성 확보를 위해서도 국민의 관심과 인식 확대는 절대적으로 필수적이다.

최근에 필자는 다른 연구를 위해 전국 성인 대상 사회조사를 실시하는 과정에서 '원자력', '핵' 그리고 '방사능물질'에 대하여 일반 국민이 갖고 있는 인상(impression)을 조사한 바 있다. 놀랍게도 '원자력'에 대해서 국민의 40.3%는 '발전(소)' 관련 인상을, '핵'에 대해서는 국민의 31.3%가 '폭탄(무기)' 관련 인상을 그리고 '방사능 물질'에 대해서는 37.2%가 '해로움' 관련 주요 인상을 갖고 있는 것을 발견하였다.

사실 원자력은 원자핵이 중성자를 만나 핵분열을 하면서 방출하는 에너지를 가리킬 뿐인데, 용어별로 일반 국민은 엄청나게 다른 주요 인상을 갖고 있는 것을 알 수 있다. 이것은 곧 국민의 인식에 미치는 용어 선택의 중요성을 가리킨다.

원자력의 평화적 이용과 확대는 우리와 같이 자원이 없는 나라에서 필수적인 것처럼 보인다. 그런 만큼 '과학기술적으로' 안전성의 확보는 너무나 중요하고, 아울러 '사회문화적으로' 원자력 관련 용어들의 선택에 관련 전문가들은 세심한 주의를 기울여야 하는 것처럼 보인다. 어떤 과학기술의 과정과 결과도 인간의 인식구조가 만들어내는 개념의 의미들에 독립적일 수 없음을 명심해야 하는 이유가 바로 그거다.

'국가과학기술위(종)' 출범해야

지난 수요일에 일반인들에게는 비교적 낯선 '국가과학기술위원회' 설치에 관한 공청회가 열렸다. 아마 내용을 잘 모르는 국민들은 '국민의 정부'가 위원회 좋아하더니 또 하나 만들려는구나 했을 것이다. 사실 제도 남발이 크게 우려되는 것도 사실이다.

1980년 여름, 미국 자동차공업의 심장부 디트로이트(Detroit) 시는 낮에도 총격 소리가 자주 들리는 공포의 도시였다. 당시 실업률이 10% 이상 넘어서면서 길거리를 배회하는 실업자들이 언제든지 강도 내지 약탈자로 변하고 있었다.

어느 날 신문에는 시장(市長)이 검진을 받으러 간 병원 복도에서 경호원이 다가오는 담당의사를 변장한 강도로 오인하여 총을 쏜 것을 보도하고 있었다.

일본의 자동차 기술에 완패한 미국은 모든 산업의 경쟁력이 무너지는 아픔속에서 일본콤플렉스에 크게 시달리고 있었다.

그 해 연말, 국민 복지에 치중하던, 그래서 정부의 재정적자가 엄청나게 늘어가던 카터 민주당 정권은 레이건 공화당 정권에게 자리를 넘겨줄 수밖에 없었다. 그로부터 12년간 집권한 공화당 정권은 소위 미국 기술경쟁력의 구조조정 기간이었다고 볼 수 있다.

원래 정치이념상 복지보다는 산업과 기업의 경쟁력을 우선시하는 공화당은 실업자군(群)이 장기적으로 오히려 중소기업의 창업력으로 이어진다고 믿고 있었다.

어쩌면 민주당 정권의 클린턴은 행운아이다. 왜냐하면 지난 정권이 파종한 기술경쟁력의 과실(果實)을 거두고 있기 때문이다. 그러나 우리가 늘 경험하는 것처럼, 재임시 누리는 영화와 찬사는 덧없는 것이고, 머지않아 미국민들은 거름의 역할을 했던 공화당 정권을 더 찬양할 가능성이 있다.

같은 사회에 같은 길을 걷는 것은 아니지만, 김대중 정권은 거름의 역할을 할 것 같은 예감이다. 그렇다고 미국처럼 우리가 10여 년간 구조조정 기간을 보낼 수는 없다. 그래서 우선 다급한 대로 정부개혁, 재벌개혁, 금융개혁의 구조조정을 빨리 끝내겠다고 한다. 그리고 교육개혁, 정치개혁 등도 할 모양이지만, 어쨌든 그들은 모두 단기적이고 비교적 소프트한 목표들이다.

그러나 국가의 기반을 튼튼하게 구조조정하려면 무엇보다 기술개혁에 나서야 하고, 그것이 바로 장기적 목표를 노린 진정한 의미의 거름의 역할이다.

우리의 기술경쟁력은 우리의 수출지역에서 뚜렷이 나타난다. 동남아, 아랍, 남미, 동구, 아프리카 지역들에서 무역흑자를 그리고 미국, 일본, 유럽 등에서 엄청난 무역적자를 내고 있다. 후진국에서 번 돈을 선진국에 되넘겨주고 있는 형국이다.

한마디로 선진국들의 기술경쟁력을 따라잡는 상품들을 내놓지 못하고 있는 것이다. 따라서 기술개혁 없이는 근본적인 IMF 극복은 물론 허약한 경제체질 개선이 불가능하다.

작년 3월, 과학기술개혁을 하자고 여야합의로 5년 한시의 '과학기술혁신 특별법'을 제정하였다. 그 법의 시효가 만료되는 2002년에는 국가 전체의 연구개발비를 GNP의 5%까지 끌어올리겠다는 목표까지 세웠었다. 그리고 열악한 연구개발 재원(財源)을 효율적으로 사용하기 위해서 정부의 종합조정기능을 수행할 '과학기술장관회의'를 설치하였다. 사실, 종합조정을 통하여 정부 각 부처의 이기주의를 극복하지 않는 한, 연구개발 사업의 우선순위 선정, 중복 투자의 예방, 연구개발의 효율성 제고 등을 해결하기 어렵다.

그래서 김대중 후보는 대통령이 위원장이 되는 '국가과학기술위원회'를 선거공약으로 내걸었었다. 사실 위원회가 실현된다면 장관회의보다 더 격상된 종합조정기구가 될 수 있을 것으로 보인다.

미국, 프랑스, 대만은 국가 전체의 연구개발비 중 43% 이상을 정부가 부담하고 있다. 우리의 경쟁상대인 대만은 무려 52%에 이른다. 그리고 독일, 영국, 일본은 각각 37%, 32%, 20%를 부담하고 있다.

그러나 우리나라는 94년 통계로 전체 연구개발비의 16%를 정부가 부담하고 있다. 따라서 84%가 민간이 담당하고 있는 셈이다. 그러나 국가적 차원에서 기술경쟁력을 높이려면 선진국들처럼 정부가 확실한 주도권을 발휘해야 한다.

그러기 위해서는 정부가 국가 전체 연구개발비의 50% 정도까지 부담하는 예산상의 대폭적인 증액이 필요하다. 그렇게 되면 국가의 기술경쟁력을 높이는 방향을 정하고 추진하는데 범정부적 종합조정력이 더욱 절실하게 요구될 것이다.

정권이 바뀌고 IMF가 왔다고 해서 작년에 제정한 '과학기술혁신 특별법' 내용을 철저히 지키지 않는 것은 범법행위에 해당된다. 그러나 그 특별법을 더 잘 실천할 수 있는 '국가과학기술위원회'의 설치라면 그 법을 일부 개정해서라도 빨리 제도적 정비를 완결해야 한다.

우리의 기술개혁은 디자인의 문제가 아니라 실천의 문제이다. 그리고 기술개혁은 열매가 아니라 거름의 역할이기 때문에 더욱 국민과 대통령이 눈을 부릅뜨고 주목해야 할 구조조정 분야이다.

[문화일보, 1998. 6. 13]

2장 한국의 과학문화

과학기술처는 국민과 가깝게 있는가?

모름지기 정부라는 것은 일반 국민을 위해서 존재하는 기관이다. 그러기에 정부의 각 부처는 일반 국민을 보다 가깝게 봉사하기 위하여 영역별로 구분해 놓은 것에 불과하다. 우체국이나 전화를 이용하면서 체신부의 역할을 피부로 경험하고, 장바구니의 물가를 체험하면서 경제기획원 정책의 잘잘못을 되씹고, 자동차 내지 전자제품의 질적 변화를 경험하면서 상공부의 위용을 실감하는 법이다.

사실 과기처를 제외하고 정부의 어느 부처이든 국민의 피부에 와닿을 만큼 가깝게 있지 않는 것이 없다. 노동 조건에 관심있는 노동부, 군대에 보낸 아들을 보살피는 국방부, 자녀의 대학입학을 결정짓는 교육부의 일이 자연스럽게 우리 곁에 항상 와 있는 것이다. 그렇기 때문에 자기 부처(部處)의 활동을 알리기 위해 스스로 홍보 노력을 전개할 필요가 없지만, 대신에 언제나 국민으로부터 정책제시에 대한 부정적 평가를 받을 가능성이 크므로 가만히 있을 수도 없다. 여하튼 그들은 국민과 유리되어 있지 않고, 그러기에 행정개혁 때마다 나오는 부처 없애기 구설수에 휘말리지 않는다.

국민이 알고 있는 과기처의 위상은 어떤 것일까? 쉽게 말해서 국가의 과학기술정책을 책임지는 곳이라 일컬어지지만, 과연 일반 국민의 대부분이 자기와 깊은 관련이 있는 곳이라고 느끼고 있을까? 정부출연 연구소에 근무하는 사람들을 빼놓고는 대부분의 국민이 이런 질문에 아니라고 대답할 것 같다. 심지어 대학 및 사기업의 연구소에 종사하는 과학자들도 교육부 내지 상공부와 실질적으로 더 가깝게 느끼고 있다고 말한다면 지나친 속단일까?

더욱 불행한 것은 정부출연 연구소에 근무하는 과학기술자들도 과기처에 대해서 감사하게 생각하기보다 오히려 불필요한 것으로 생각할 가능성이 크다는 점이다. 그것은 관료적 간섭이 창의성을 오히려 방해한다는 과학기술 연구의 독특한 독립적 특성 때문이기도 하다.

그렇다면 과기처를 지탱시켜줄 국민의 강한 지지는 아무 데도 없다는 결론에 도달하고 만다. 이런 판국에서는 아무리 과학기술 연구의 국가적 방향을 짚어줄 정부정책이 필요하다 할지라도 행정부 개혁논의 때마다 과기처의 폐기론에 휘말릴 수밖에 없다. 뭐니뭐니 해도 힘은 국민의 지지폭에서 나온다는 사실을 명심해야 하는데, 우리네 과기처 역사는 그런 교훈을 거의 깨닫지 못하고 있다. 과기처에서 가장 천대받는 정책활동이 바로 과학문화 육성분야이다. 훌륭한 과학자와 과학연구도 기름진 과학문화의 토양 위에서 나오는 법인데.

이제, 과기처는 일반 국민과 가까이 하려는 정책들에 최우선 순위를 둘 필요가 있다. 그래야만 장기적으로 우리의 과학기술이 번영할 수가 있다. 일반 대중의 우수한 과학문화를 가꾸지 않고는 아무리 2천년대의 과학기술발전 청사진을 내놓아 보았자 한낱 서류조각에 불과할 뿐이다.

엘리트 과학기술자 집단만을 위한 과기처 정책방향을 이제는 일반 대중을 위주로 한 정책으로 과감하게 전환할 필요가 있다. 그래야만 진정한 의미의 선진국형 과학사회를 이룩할 수 있고, 과기처의 힘을 과시할 수 있다.

올해도 '비공식적인' 과학의 달, 4월이 조용하게 지나갔다. 그저 과학의 날(4월 21일)에 과기처 설립의 기념식을 가지고 몇 사람의 공로자에게 수상과 훈장을 주는 것으로 끝맺었다. 몇몇 과학 관련 기관들에서 전시회 내지 오픈하우스 행사들을 가졌지만, 정부의 정책적인 지원 노력이 거의 없는 이상, 이들 행사들에 대한 홍보가 됐을리 없다. 그래서 국민들은 4월에 별다른 과학적 의미를 거둘 수가 없었다.

평범한 일반 국민에게 과기처의 역할이 피부로 느껴지기 위해서는 재미있는 과학문화축제의 개최라든가 가까이에 있는 과학관들의 행사들이다. 공식 내지 비공식적인 수많은 문화축제들이 전국적으로 고을마다 열리고 있지만, 과학문화축제들이 열린다는 소리를 들어본 적이 없다. 먹고 마시며 꽹과리치는 소위 민속문화축제들이 얼마나 미래지향적 잔치인지 묻고 싶다. 과학관들도 국민의 가까이에 있을 때만 유효하다. 멀리 대전까지 심지어 창경궁 근처까지 가서 국립과학관들을 구경하고 올 국민이 얼마나 되겠는가?

우리의 가까이에 산재한 과학기술 관련 산업기관들이 일반 대중을 위한 과학문화관을 설치하도록 지원하는 정책이 절실히 요구되고 있다. 그래야만 국민이 쉽게 과학문화를 즐길 수가 있고, 나아가 기관홍보와 과학대중화가 동시에 성취될 수 있다.

과기처가 국민의 부처가 되기 위해서는 바로 이런 것들에 정책적 우선순위를 두어야 하지 않겠는가. 생각이 문제이다. 그리고 이것은 국가적 문제임에 틀림없다.

3장 과학문화 운동

이제 과학은 문화다

케이프 캐나베럴(Cape Canaveral), 그곳은 케네디우주센터가 자리잡고 있는 미국립해양공원이다. 지난 여름 플로리다 주 올랜도에 도착하자마자 렌트카를 빌려타고 약 1시간만에 도달한 우주센터는 가히 세계 최대의 과학기술단지를 연상케 하였다. 63빌딩 크기의 인공위성 발사체 조립실, 국제우주정거장(ISS) 건설에 쏘아올릴 모듈 제조 공장, 그 주변의 광활한 해안에 대한 철저한 환경보호, 그리고 국민의 지지를 얻기 위한 다양한 전시활동 등은 과학기술의 진보와 환경보호 및 일반 국민의 여론이 어떻게 병존해야 하는가를 여실히 보여 주었다.

4월은 '과학의 달'이다. 20세기가 '과학기술인'의 시대였다면, 21세기는 '과학문화인'의 시대일 것 같다. 이제 과학기술은 더 이상 전문과학기술인들의 전유물이 아니며, 일상인들의 생활문화로 진화할 것이 명확하다. 특히 한국이 세계 과학기술의 변방이 아니라 주류로 등장한다면, 과학문화는 21세기 한국 사회의 가장 큰 화두로 등장할 것이 확실하다. '과학의 달'은 그런 과학문화를 생각해 보는 달이다.

일상인들의 관심거리 내지 걱정거리를 그대로 반영한다는 언론도 이제 더 이상 정치경제만을 주요 뉴스로 다루지 않는다. 21세기로 넘어오면서 급격하게 과학기술이 헤드라인을 차지하게 되었다. 인류 최초의 우주정거장 미르(MIR)호의 귀환과 남태평양 수장(水葬), 인간 유전자 지도의 완성, 돌리양(羊)의 복제와 인간복제의 가능성, 방사선조사식품 및 유전자조작식품의 확대 등에서부터 광우병과 구제역의 세계화, 원자력 발전소 부산물 처리장소의 부족 등이 큰 뉴스로 등장하였다. 이들 모두 과학기술의 진보가 우리의 일상문화에 직접적으로 끼칠 엄청난 긍정적 내지 부정적 영향들을 함축하고 있다.

또한 언론에 각종 지수(index)로 나타나는 것들 모두 과학을 기반으로 하고 있다. 경제학에 기반을 둔 종합주가지수 및 코스닥지수에서부터, 기상학에 기반을 둔 눈·비 올 확률, 운동지수, 빨래지수, 세차(洗車)지수, 심지어 외출지수까지 매일매일의 기사로 등장하고 있다. 이들은 과학기술 지식을 직접적인 생활문화로 전환시킨 대표적 사례들이다.

이제 분야별 과학지식을 이용하여 지진 발생률, 월드컵축구 승률, 교통지체시간, 심지어 비즈니스 성공률까지 예측하는 지수들이 곧 언론에 등장할 가능성이 있다.

과학기술은 기본적으로 인류가 당면하고 있는 다양한 문제들을 해결하는데 초점을 두고 있다. 그러나, 세상의 모든 일이 그런 것처럼, 어떤 해결도 일정부분 부정적인 부산물을 잉태하기 마련이다. 자동차가 인간의 이동성을 높여주었지만 공기오염을 발생시키고, 원자력이 풍부한 전기에너지를 만들어주었지만 방사성 부산물을 생산한다.

그러나 이런 부정적 부산물들마저 과학기술의 힘을 빌리지 않고는 해결될 길이 없다. 그래서 지속가능한 발전을 위해서 환경과 과학기술, 그리고 국민 이해라는 세 가지가 균형있게 굴러가야 한다.

1834년 영국은 사이언티스트라는 용어를 창조했고, 일본은 1881년에 사이언스를 과학으로 번역했으며, 그로부터 28년이 지난 1909년에 우리가 그 번역어를 만국사물기원역사(萬國事物紀源歷史)에서 처음 사용한 이래, 이제 '과학'은 이 땅에서도 '문화'가 되었다. 과학기술의 성과들은 우리의 생활환경에 깊숙이 자리잡고 있으며, 국가경쟁력의 원천도 과학기술력에서 나온다. 작금의 어려운 경제환경도 과학기술력을 한 단계 더 높이지 않고는 근본적으로 해결되지 않는다.

질의응답(과학)과 문제해결(기술)의 정신을 생각해 보는 4월이다. 지속가능한 발전을 위해서 케이프 캐나베럴을 음미해 볼 필요가 있다. 최첨단 과학기술, 환경보호, 그리고 일반 국민의 이해가 동시에 살아있는 한국을 '이제는' 그려야 할 때이다.

3장 과학문화 운동

과학문화운동을 펼치자

물리학자에서 소설가로 변신한 스노우(C.P. Snow)경은 1963년에 『두 문화』라는 책을 내놓으면서 소위 문학적 지성인과 과학적 지성인 사이에 문화적 갭이 너무 커지고 있음을 지적하였다. 그는 문학적 소양만이 지성인을 만든다는 것은 이제 구시대적 발상이며, 과학적 소양을 갖추지 않으면 현대적 지성인이 결코 될 수 없음을 설파하였다. 무엇보다 인류의 가난을 해결해 주었고, 인류의 미래지향적 세계관을 만들어 준 과학혁명들을 부정할 길이 없다는 것이다.

과학과 기술의 융합은 더더욱 세상을 급속하게 변화시켰다. 인류가 달에 착륙하는 광경을 목격하면서 과학기술에 대한 경탄을 금치 못했고, 히로시마의 원자탄 투하를 보면서 과학기술의 위험에 경련을 일으키지 않을 수 없었다. 과학기술의 양면적 얼굴을 본격적으로 검토하는 비판적 자세가 필요하다는 것도 크게 대두되었다. 인간복제(cloning)에 대한 현재의 논란도 사실은 과학기술의 발전이 무조건 만병통치약으로 인식되어서는 안된다는 인류의 우려를 나타내는 좋은 사례에 해당된다.

이제 우리는 좋든 싫든 인류가 20세기에 바친 최대의 업적은 과학기술 문명임을 인정해야 한다. 그렇다면 20세기를 사는 시민으로서 과학기술의 정신과 내용을 어느 정도 이해해야 하는 것은 너무나 당연한 의무이다.

오늘날 어떤 공공정책도 과학기술의 도움 없이는 결코 합리적으로 결정될 수가 없다. 예를 들어, 시민의 발이 되고 손이 되는 교통정책도 전적으로 과학기술에 의존되어 있다.

그렇다면 직접 그런 일을 담당하고 있는 정책결정자들과 그 일을 위해 세금을 지불하는 시민이 최소한의 과학기술적 이해를 갖고 집행 내지 감독할 때 최대의 효율성과 안정성을 확보할 수 있을 것이다.

이제 과학기술의 이해 없이는 공공정책 결정에 대한 민주적 참여가 불가능한 상태이다. 따라서 21세기 민주주의의 생존을 위해서도 일반 시민의 과학기술 이해는 필수적이다.

나아가 21세기 과학사회의 민주주의 생존을 위해서도 더욱 그렇다.

이제 우리도 생활속의 과학, 과학속의 생활, 흥미있는 과학을 보여주는 활동을 본격적으로 전개해야 한다.

도처에 과학기술박물관들을 세워서 손쉽게 접근할 수 있는 시민의 문화공간으로 만들어 주어야 하고, 놀이에만 치중하는 각 지역의 문화축전들을 보다 지적인 과학축전들로 전환토록 유도해야 한다.

그리고 전국체전처럼 전국적인 과학축전을 매년 개최하여 시민속의 과학문화를 꽃피워야 한다.

[매일경제, 1997. 4. 3]

3장 과학문화 운동

과학문화 컨텐츠 및 진흥센터의 방향

과학문화를 국민의 생활문화로 승화시키는데 무엇보다 다양한 컨텐츠가 필요하고, 그것을 체계적으로 육성하기 위해서는 진흥센터와 같은 범국가적 전담기구가 시급하다는 것에 많은 사람들이 동의하고 있다. 그러나 진흥센터가 만들어진다고 해서 저절로 컨텐츠가 키워지는 것은 아니기 때문에, 그런 기구 설립을 검토하는 단계부터 전략적 사고를 할 필요가 있다고 여겨진다.

국민에게 호소력(呼訴力)을 가진 과학문화컨텐츠를 개발하기 위해서는 인간의 기본 행동과정을 전제로 하고서 그것에 맞는 컨텐츠를 개발해야 할 것이다. 그렇지 않고, 소위 진흥센터 운영자 내지 과학기술 전문가 중심의 컨텐츠를 아무리 많이 개발해 보았자 일반 국민은 외면할 가능성이 높고, 그로 말미암아 국가 예산만 크게 낭비하는 결과를 초래할 것이다.

따라서 우리는 진흥센터의 기본 활동방향을 설정하기 위해서도 인간의 기본 행동과정별로 어떤 과학문화컨텐츠가 필요한지를 검토해야 한다.

첫째로 인간의 행동과정 중 가장 기본적인 것은 5관(눈, 코, 귀, 혀, 피부)을 통하여 외부 세계에 접촉하는 노출 행동이다. 따라서 일차적인 노출 행동이 없이는 어떤 위험들이 우리에게 닥치고 있는지 그리고 세상이 어떻게 돌아가고 있는지를 전혀 파악할 수가 없다. 그러므로 과학기술에 대해서도 기본적인 노출이 가능하도록 환경을 만들어주는 것이 필요하다.

일반 대중매체는 그런 노출을 가능하게 만드는 대가로 이익을 창출하는 조직이다. 그렇다면 일반 국민이 과학기술 관련 컨텐츠에 쉽게 노출할 수 있는 대중매체 환경이 구성되어 있는지 살펴볼 필요가 있다. 잘 알다시피 우리나라의 대표적 대중매체인 공중파 텔레비전은 KBS를 포함하여 광고 수입에 크게 의존하고 있고, 그로 말미암아 시청률을 중시하지 않을 수 없다. 이것은 결국 높은 시청률을 확보하기 힘든 과학기술 관련 프로그램의 제작과 방영을 방해하는 요인이 되고 있다.

일반 대중을 상대로 하며 철저하게 상업적 이익에 의존하고 있는 신문매체의 경우 그 어려움은 더한 상태이다. 왜냐하면 과학기술 관련 기사는 독자의 구매력이 낮기 때문이다. 요즈음 인터넷을 이용한 인터넷신문 내지 방송은 또 하나의 대중매체로 부상하고 있다. 그러나 그들도 매체간의 치열한 경쟁 속에서 마찬가지로 수익모델에 입각하여 운영하기 매우 힘든 상황에 처해 있다.

따라서 일반 국민의 과학기술 관련 노출 행동에 필요한 환경을 조성하기 위해서는 일반 대중매체가 과학기술 관련 컨텐츠를 제작하고 내보낼 수 있도록 지원해 주거나 아니면 다양한 컨텐츠를 값싸게 제공하는 시스템을 구축해야 할 것이다.

만약, 이런 것으로도 부족하다면 아예 일반 대중을 향한 과학기술 전문 대중매체를 개발하는 것도 좋은 방법일 것이다.

그러나 이런 노출 환경의 조성은 어디까지나 다양하고 많은 컨텐츠를 범람하게 만들어 일반 국민의 5관 네트워크에 걸려들도록 하는 일에 해당하지, 그것을 통하여 어떤 뚜렷한 목표를 성취할 수 있는 것은 아니다. 그러므로 이런 노출 환경의 조성이 최소한의 조건으로 필요한 것은 사실이지만, 그것을 위한 지나친 투자는 반드시 노출 성과에 대한 효과성 평가에서 국민적 반발을 불러올 가능성도 있다는 점을 명심해야 한다.

다음으로 노출에 이어 일어나는 인간의 두 번째 기본 행동은 주목하는 것이다. 주목은 자신의 관심을 불러오는 것에 집중하는 행동이다. 우리가 텔레비전 뉴스시간 중 많은 토픽에 노출하지만, 대부분 주목하지 않고 흘러가는 경우가 대부분이다. 왜냐하면 대부분의 토픽이 나의 관심과 무관한 것들이기 때문이다.

그러나 만약 내가 감기에 걸렸다면, 감기 관련 건강뉴스는 나의 주목을 크게 끌 가능성이 있다. 이처럼, 과학기술 관련 컨텐츠가 주목을 끌수 있도록 하기 위해서는 일반 국민의 높은 관심영역, 예컨대, 사회적 논란거리들과 연계된 과학기술 관련 컨텐츠를 만들고 전달해 줄 필요가 있다.

따라서 이런 컨텐츠를 제공해 주기 위해서는 그때그때 상황에 맞는 컨텐츠를 개발하는 순발력을 발휘해야 하고, 아울러 그것을 적재적소에 전달하는 소위 맞춤소비가 가능한 적응력을 갖추어야 한다. 예를 들면, 전달자와 수용자 사이에 상호 교신이 가능한 위성방송 채널을 활용하여 과학기술 관련 컨텐츠를 전달해 주는 시스템을 개발하는 것도 하나의 방법일 것이다.

세 번째로 주목에 이어 일어나는 인간의 행동은 생각하는 인지(認知)

활동이다. 사실, 과학기술 관련 컨텐츠에 노출하고, 어떤 특별한 주제에 주목하여, 마침내 인지 활동까지 잇는 것은 쉬운 일이 아니다. 여기까지 도달한 경우의 사람은 상당한 지적 호기심을 갖고서 강력한 정보추구 욕구를 갖고 있는 상태이다. 따라서 이들에게는 전문적인 내용의 컨텐츠가 필요한 상태이다. 전문분야별 백과사전, 도서 내지 데이터베이스는 그런 인지 활동을 충족시켜 주는 컨텐츠에 해당된다고 할 수 있다. 어떤 의미에서 이런 컨텐츠의 구축은 가장 쉽게 성취할 수 있는 것이다. 왜냐하면 이것은 정보 생산자인 과학기술 전문가의 지식을 체계적으로 분류하여 전달하면 되기 때문이다.

마지막으로, 인지 활동에 이어지는 행동은 직접 행위(action)로 옮기는 것이다. 예를 들면, 인지에서 얻어진 과학기술 관련 내용을 직접 실험해 본다든지 또는 실제적인 관찰에 뛰어든다든지 하는 행위가 여기에 해당된다. 아마도 과학관 내지 과학박물관이 체험 위주로 전환한다고 할 때, 학생들의 교육 실험장으로 자주 쓰이는 것처럼, 그들은 바로 직접 행위를 실천하도록 돕는 마당이라 하겠다.

그러므로 이들 시설들은 그 설립과 운영에 들어가는 투자비를 생각하면 과학기술 관련 노출이나 주목 내지 인지 활동보다 '행위' 중심에 초점을 맞출 때 훨씬 더 효과적인 기여를 할 수 있다고 여겨진다. 그런 점에서 과학관 내지 과학박물관 시설의 컨텐츠가 어떠해야 하는지를 쉽게 간파할 수 있다.

이제 인간의 기본 행동 과정과 연관되어 어떤 과학기술 관련 컨텐츠가 필요한지를 살펴보았다. 이것은 곧 그것을 육성하기 위한 진흥센터의 활동방향을 설정하는 데도 상당한 지혜를 제공하는 것처럼 보인다. 무엇보다 필자가 보기에는 인간의 두 번째 기본 행동과정, 즉 과학기술 관련 주목을 끌어내는 컨텐츠 개발이 가장 중요한 것처럼 보인다. 왜냐하면 그런 주목을 끌어낼 때만이 과학기술 세계로 진입하는 단초를 확보할 수 있기 때문이다. 그 다음 단계들인 과학기술 관련 정보추구 내지 행위수행 단계로 이어지는 가장 중요한 징검다리가 주목 활동이다.

그러므로 진흥센터 설립의 일차 목표를 일반 대중으로 하여금 과학기술 관련 주목을 유도할 수 있는 컨텐츠 및 그것의 전달방법 개발에 두어야 할 것으로 보여진다. 그러기 위해서는 매우 상황적인, 순발력 있는 조직과 인력의 구비가 필수적인 것처럼 보인다.

[인터넷 과학신문 ScienceTimes, 2003. 6. 8]

3장 과학문화 운동

국민소득 2만 달러 만들기

경제가 어려우니 대학 주위에서는 청년실업을 실감할 수 있다. 5년 만에 회복한 국민소득 1만 달러도 금년에 다시 내리막길로 치닫지 않나 하고 모두가 걱정하고 있다. 그러나 정부는 머지않아 2만 달러를 달성하리라고 공언하고 있다. 우리나라 국민들은 그런 정부의 말을 아직까지 크게 믿을 것 같다.

2001년 9월, 연구의 일환으로 필자는 20세 이상의 전 국민을 대상으로 앞으로 우리 사회가 어떤 문제들에 보다 더 주목해야 하는가를 물은 적이 있다.

그 결과 29개의 문제들 중 노인문제, 경기침체, 지구온난화, 개인정보 유출, 실업문제, 교통문제, 수질오염, 에너지 부족, 부정부패 및 청소년 매매춘 등의 '각각'에 대해서 전 국민의 20% 이상이 보다 더 주목해야 한다고 응답하였다. 그리고 이들 문제들에 대해 주로 누가 더 주목해야 하는지를 복수(複數) 응답식으로 물은 결과, 정부(70.5%), 일반 시민

(45.4%), 과학자(23.9%), 기술자(21.5%), 학교(16.8%), 산업계(16.8%), 기타(5.2%) 등의 순으로 나타났다. 이것은 곧 국민의 70% 이상은 아직까지도 모든 주요 문제들에 대해 정부의 해결 능력을 크게 믿고 있다는 것을 의미한다. 반면에 실제 문제해결을 위해 전적으로 매달리고 있는 과학기술자나 산업계에 대해서는 국민의 10~20% 내외만이 주요 문제들에 대한 해결 능력을 믿고 있었다.

적어도 이 조사결과는 2만 달러 국민소득이 우리에게 얼마나 멀리 있는가를 시사해 주는 것처럼 보인다. 문제해결을 주요 목적으로 하는 직업군은 단연코 과학기술계와 산업계이다. 그렇다면, 그들이 어떤 집단보다도 앞의 문제들에 보다 더 주목해야 하는 것은 너무나 당연하고, 그들의 노력에 의해서만 합리적이며 창의적인 해결 방안, 즉 기술개발이 가능하며, 그 결과로 사회가 발전하는 것이다.

예컨대, 앞의 10개의 주요 문제들 중 과학기술계와 산업계의 해결능력과 무관한 것은 부정부패와 청소년 매매춘의 두 가지 문제뿐이다. 나머지 것들은 궁극적으로 과학기술계와 산업계가 해결해야 할 과제들이다. 정부의 역할은 국민의 세금을 거두어서 그들의 능력 발휘를 위해 조정해 주는 거간꾼에 불과한 것이다.

한 때 한국 사회를 '관료적 권위주의' 개념으로 압축하여 설명한 적이 있다. 이것은 군관(軍官) 주도의 권위주의적 국가 리더십을 강조하며, 그것을 통해 경제 성장과 근대화가 이루어졌다는 것이다. 대신에 민주주의는 크게 후퇴할 수밖에 없었다. 어쨌든 그런 과정에서 군대에서 배웠든 아니면 선진국 연수를 통해 배웠든, 관료 사회의 기획력과 행정력은 다른 사회집단보다 탁월한 것으로 밝혀졌다. 이것은 곧 정부의 문제해결 능력에 대한 일반 국민의 믿음을 맹목적일 정도로 증대시켰다.

그러나 지금 기획력과 행정력에서 아마 가장 탁월한 집단은 기업이 아난가 생각된다. 더 이상 관료적 권위주의로 한국 사회의 주도권적 리더십을 설명할 수 없는 상태이다. 그래서 더 이상 그 개념을 듣지 못한지 오래다. 그리고 국가의 발전은 전적으로 과학기술계와 산업계의 문제해결 능력, 즉 기술개발 능력에 달려있다. 그렇다면 관료 사회가 여전히 국가의 허리 역할을 하면서 국가경쟁력에 기여하는 길은 명확한 것처럼 보인다. 곧, 기술개발 능력을 읽을 줄 아는 인력구조를 갖추는 것이 매우 중요한 것처럼 보인다.

지금 이공계 공직진출 확대방안이 크게 논의되고 있다. 한때 사퇴 압력에 시달리던 진대제 정통부 장관이 해당부처 안팎에서 가장 높은 평가를 받고 있다고 한다. 일면식도 없는 필자가 순전히 추론하건대, 이공계 전공과 산업기술 연구활동에서 얻어진 기술개발을 읽을 줄 아는 능력과 기업 경영에서 얻어진 기획 및 행정 능력이 결합하면서 전통적 관료 사회를 압도하기 때문이 아닌가 생각된다.

현대사회의 거의 모든 문제들은 과학기술 없이 해결될 수 없다. 그렇다면 공익을 위해 일하는 공직 사회가 기술개발을 읽을 줄 아는 인력구조로 보다 많이 채워져야 하는 것은 너무나 당연한 것처럼 보인다. 그래야 아직도 정부만이 모든 문제를 해결할 수 있다고 믿고 있는 국민 대부분의 믿음과 욕구를 충족시켜 줄 수 있는 것처럼 보인다. 그러지 않고는 국민소득 2만 달러 시대는 요원한 것처럼 보인다.

[문화일보(포럼), 2003. 8. 15]

3장 과학문화 운동

청소년을 과학으로 이끄는 길

　코엑스(COEX), 이곳은 지금 한국과학기술문화운동의 요람이다. 식품과학에서부터 전자기기까지 다양한 과학기술의 성과들이 일반 국민에게 선보이는 중요한 전시장으로 자리잡았다. 특히 지난 주에는 산업기술평가원이 주관하는 '대한민국기술대전'이 열렸고, 이번 주에는 과학문화재단이 주관하는 '대한민국과학축전'이 개최된다. 이들은 무엇보다 청소년의 과학화를 겨냥하고 있다는 점에서 오늘의 한국이 안고 있는 문제점을 푸는 열쇠와 직결된다.

　우리 경제는 급격하게 다시 하강국면으로 치닫고 있다. 미국과 일본을 비롯한 선진국의 기술 수준과 놀라울 정도의 속도로 따라잡고 있는 중국 사이에서 샌드위치 신세를 면치 못하고 있다. 경제를 떠받치는 과학기술 수준이 획기적인 돌파구를 마련하지 않는 한, 암담한 미래를 예견하지 않을 수 없다. 그런 와중에 청소년들의 대입수능시험 자연계 응시 비율은 1998년의 42.5%에서 1999년 40.1%, 2000년 34.7%, 그리고

2001년의 29.5%까지 현저하게 떨어지고 있다. 그리고 1999년도 우리나라 과학기술 수준 조사에 따르면, 세계 최고 기술수준 보유건수 비율은 미국이 42.7%, 일본이 30.9%, 독일이 8.9%인 반면에 한국은 0.6%에 불과하다.

그럼에도 불구하고 우리가 기댈 곳은 청소년이고, 그들의 과학화이다. 다행히 정부는 미래의 한국을 짊어질 청소년의 과학화를 불러올 두 가지 주요 정책을 확정하였다.

첫 번째로 과학기술계가 지속적으로 염원하던, 정부 예산의 5%를 연구개발부문에 투자한다는 목표를 내년도에 실현하기로 했다. 이것은 비단 현재의 과학기술 연구인력에 생명력을 불어넣을 뿐만 아니라, 필연적으로 청소년의 과학기술 연구인력 진입을 촉진시킬 것이다.

두 번째로 금년에 공포된 '과학기술기본법'은 정부로 하여금 2002년을 기점으로 5년마다 과학기술 관련 종합발전계획을 세우고, 이를 실천하도록 의무화하였다. 그리고 그 발전계획의 핵심에 우리나라 역사상 처음으로 '과학기술문화' 부문이 들어가게 되었다는 점이다. 이것은 곧 청소년의 과학화를 촉진하는 다양한 과학기술문화운동을 장려하고, 과학기술의 정책과 연구개발에 일반 국민의 참여를 독려하는 데 목표를 두고 있다.

생명공학의 발달에서 보는 것처럼, 과학기술의 급속한 발전에 비례하여 일반 시민의 다양한 불안감 또한 급격하게 증가한다. 그런 만큼 국민적 이해 없이는 과학기술에 대한 공공정책의 수립과 실천, 그리고 연구개발에 대한 지원이 점점 어려워지는 것이 세계적 추세이다. 따라서 과학기술과 사회를 연계시키는 과학기술문화활동의 활성화는 이제 필수적인 영역으로 자리잡아가고 있다.

그러나 청소년의 과학화를 촉진할 과학기술문화운동을 벌이는 데는 단순히 전시관과 전시품의 하드웨어 설치로 충분하지 않다. 과학기술의 내용을 인상깊게 제시해 주고, 쉽게 이해를 불러오는 소프트웨어적 커뮤니케이션 기술이 못지않게 중요하다. 지금 열리고 있는 '기술대전'만 하더라도 약 150여 개의 전시부스만 설치되어 있지, 일반인의 접근을 용이하게 해 주는 과학기술 커뮤니케이션의 기술이나 훈련은 거의 고려하지 않은 것처럼 보인다.

청소년의 과학화를 촉진시키기 위해서는 무엇보다 명확하게 청소년의 탐구욕에 목표를 둔 활동을 전개해야 한다. 그리고 중요한 것은 청소년의 욕구에 호소하는 과학기술 커뮤니케이션의 테크닉이다. 예컨대, 청소년의 일상생활과 연관된 주제를 통해 일종의 연대의식을 불러일으켜야 하고, 하나의 주제만을 부각시켜 초점을 모아 주어야 하며, 마지막으로 상상력을 활성화시키는 경이로움을 전달할 수 있어야 한다. 그러기 위해서 전시부스를 지키는 사람은 사전에 과학커뮤니케이션 훈련을 받고서 능숙하게 방문객을 유인할 수 있어야 한다.

이렇게 철저한 준비가 되어있지 않는 한, 청소년의 과학화를 노린 활동이 오히려 청소년의 반(反)과학화를 초래할 수 있다. 우리의 고답적인 학교교육이 많은 경우 과학을 더욱 멀리하게 하는 역효과를 가져오는 것도 같은 이유에서이다.

이제 '기술대전'과 '과학축전'도 한 단계 발전할 때이며, 그래야 청소년의 과학화를 목표로 하는 국가정책의 대전환기에 잘 부응할 수 있고, 나아가 궁극적으로 국가발전에 크게 기여할 수 있을 것이다.

[문화일보(포럼), 2001. 7. 30]

'국가안전백서' 필요하다

국가의 안전을 심각하게 생각해 볼 때이다. 지난달 초 원자력안전위원회는 '원자력안전헌장'을 발표하였다. 그것은 우리나라의 원자력 안전수준을 한 단계 높이기 위한 정부 및 관련 종사자들의 결의를 담은 것이었다. 그로부터 5일 후 소위 9·11 테러사건이 뉴욕에서 발생하였고, 그것은 세계의 안전을 위협하기에 충분하였다. 이제 우리는 언제, 어디서나 안전을 장담할 수 없는 시대를 살고 있다.

인간에게 가장 깊은 인상이 남겨질 때는 어떤 비극적 장관(壯觀)을 바라볼 경우이다. 제2차 세계대전 때 일본에 투하된 원자폭탄이 만들어낸 버섯 모양의 먹구름, 1986년 우주선 챌린저호의 공중폭발 장면과 같은 해 구(舊)소련 체르노빌 원자력 발전소 방사능 유출사고로 생긴 처참함, 그리고 이번 9·11 테러사건이 빚어낸 거대한 붉은 화염 등이 사례들이다. 인간의 잘못으로 생긴 사고들 외에도 지진, 홍수 등으로 발생하는 무수한 자연재해들이 또한 그러하다.

40대 이상의 한국인들은 대부분 한 때 연탄가스 중독으로 죽음의 문턱을 경험해 보았다. 안전을 생각할 겨를도 없던 시절, 위험천만의 난방시설과 연료체계는 수많은 목숨을 앗아갔었다. 이제 원자력과 기름 및 천연가스는 우리의 원시적인 에너지 공급체계를 바꾸어 버렸고, 그 만큼 가정에서의 안전성을 높여 주었다.

   그러나 어떻게 보면 거대한 위험성은 더욱 높아졌다고 볼 수 있다. 원자력 발전소, 정유시설, 가스저장 탱크 등이 얼마나 안전하게 관리되고 있으며, 그리고 우리라고 악마의 테러로부터 자유롭다고 누가 보장할 수 있는가. 이런 것들을 생각할수록 소름끼치는 공포를 느끼지 않을 수 없다. 그런 의미에서 '원자력안전헌장' 발표는 위험에 대비하는 정신무장을 다소나마 각성시켜 주는 징표라고 여겨진다.

   헌장의 8개 조항 중 안전관련 정보의 투명성과 국민의견 수렴 약속은 큰 의미를 갖고 있다. 국민의 요구에 부응하는 안전을 추구하지 않는 한, 원자력 안전은 늘 의혹에 차 있을 수밖에 없다.

   따라서 원자력을 관리하는 과학기술부, 산업자원부, 한국전력 등은 안전헌장을 지키는 데 최선을 다해야 할 것이다. 예컨대, 뉴욕 테러사건 후 정부는 우리의 원자력 발전소에 그와 같은 테러가 발생할 개연성에 대한 방호능력과 안전위험을 이미 점검한 것으로 알고 있다. 다행히도 1.2미터 두께의 시멘트로 둘러싼 원자로 격납용기는 국내외의 실제실험과 모의실험을 통하여 방사능 유출 가능성에 상당히 안전한 것으로 판명되었다고 한다. 그렇다면 이것에 대한 정보도 투명하게 밝히고 국민의견을 듣는 기회를 가져야 할 것이다.

   아울러 기름 및 가스 관련 시설들은 얼마나 안전하게 관리되고 있는지도 점검해 보아야 할 것이다. 무엇보다 국가의 안전수준을 총체적으로 높이기 위해서는 국민의 기술이해 수준(technological literacy)을 높이는 일이 매우 중요하다. 각 기술이 갖고 있는 위험성과 조작방법에 미숙할 때 언제든지 안전사고가 발생할 위험성이 존재한다. 가정에서 일어나는 전기사고, 가스폭발사고, 공장에서 발생하는 산업재해나 대형 기술사고 등은 모두 그런 기술이해의 부족이 기본 원인이다. 그런 만큼 일반국민에게 현대인에게 필수적인 기술 이해를 교육하고 훈련시키는 일이 매우 중요해지고 있다.

그리고 악마의 테러로부터 발생하는 사고는 사전 예방이 어렵다. 그것은 기본적으로 무차별적인 대량 희생을 목표로 하기 때문에 너무나 위험스럽다. 본질적으로 테러는 커뮤니케이션이다. 사회의, 세계의 불평등 구조가 극단화될 때, 불평등 대우를 받고 있는 집단의 목소리를 들으려고 하지 않을 때, 그 집단은 테러라는 극단적인 커뮤니케이션 수단을 사용하여 자신의 견해를 대변한다. 따라서 테러 예방의 가장 최선의 방법은 유연한 사고로 가득 찬 사회를 보지(保持)하는 길이다. 그럴 때, 상대방이 누구든 인정하고, 그 목소리를 들을 수 있으며, 나아가 더불어 사는 사회를 구현할 수 있다.

이제 우리는 정기적으로 '국가안전백서'를 작성할 필요성이 있다고 생각한다. 그것은 대형사고의 위험성을 갖춘 시설들에 대한 안전점검 실태와 국민의 기술이해 수준 측정, 나아가 대테러 방호능력과 사회적 유연성 정도에 대한 점검까지 포함하면 좋을 것이다. 국가가 국민의 생명과 재산을 안전하게 지키는 일보다 더 중요한 일이 어디 있겠는가.

[문화일보(칼럼), 2001. 10. 5]

3장 과학문화 운동

기술혁신운동을 전개하자

국민들의 나라 걱정이 심각한 수준에 달하고 있다. 불과 1년 전보다 배럴당 약 20달러를 넘게 주고 사오는 기름값은 수입한 물품을 단순 가공하여 재수출하는 우리의 경제구조를 거의 파산 직전으로 몰고가고 있다. 기술 중심이 아니라 뜬소문에 들뜬 벤처 열풍에 휘말린 수많은 샐러리맨들이 주식값이 곤두박칠치자 거의 빈털털이가 되어 가정파탄은 물론 자살소동까지 일어나고 있다. 대우자동차 매각지연은 계속적인 공적자금의 투입으로 국가 재정을 휘청거리게 하고 있다. 이제 근본적인 기술혁신 없이 나라를 구할 길이 없다.

97년에 몰아닥친 IMF 위기로 집권한 DJ정권은 그 위기를 탈출하는 데 성공한 정권으로 보였다. 외자를 도입하고, 재벌 중심의 경제구조를 뜯어고치고, 부실기업을 퇴출시키고, 그리고 공공조직을 구조조정하면서 임기의 반 이상을 소비하였다. 그러나 되돌아보면 너무 빨리 IMF 위기를 극복하느라 공적 자금을 풀어헤치는 임기응변식의 개혁이 대부분이었다. 차라리 국민들의 고통이 조금 더 오래 갈지언정, 산업구조의 모든 부문에 대해 근본적인 기술혁명을 부르짖고 추진하는 기술대통령으로 자리매김했어야 했다.

핀란드는 지금 국가경쟁력을 측정하는 국제기구들의 평가에서 늘 1~2위권을 유지하고 있다. 서방국가들과 구소련 사이에서 중개무역으로 살아가던 그 나라는 구소련이 붕괴되면서 엄청난 국가재난을 겪어야 했다.

90년대 초 필자가 방문했을 때 핀란드 의회는 모든 국민의 월급을 반으로 줄이는 법안을 통과시켰었고, 물가는 엄청나게 치솟았으며, 버스와 기차에서 본 시민들의 얼굴은 우울증 환자 그 자체였다고 해도 과언이 아니다. 그러나 그때 그 나라는 근본적인 기술혁신이 없이는 국가파탄을 극복할 길이 없다고 믿었다. 휴대폰을 중심으로 세계 최고의 가전제품 업체인 '노키아'의 종업원 중 50% 이상이 전문기술인이라는 사실은 바로 전 국가적 기술혁신운동의 증거이다.

뚤루즈(Toulouse)는 피레네 산맥으로부터 멀지 않은 불란서 남부 도시이다. 도시 중심에 11세기의 로마네스크 건축양식이 고스란히 보존되어 있는 고도(古都)이면서 동시에 외곽에는 항공우주기술개발 관련 연구소 및 대학들이 자리잡고 있는 첨단 기술도시이기도 하다. 지난 여름 그곳을 방문했을 때 불란서의 현대적 산업기술혁명이 어떻게 가능했는지를 실감할 수 있었다.

제2차 세계대전의 영웅 샤를러 드골은 전쟁이 끝나고 대통령에 당선되자마자 자원빈국이며 단순 농업국가에 불과한 불란서를 어떻게 하면 미국과 독일의 기술대국으로부터 해방될 수 있는가를 찾기 시작했다. 그것은 바로 기술대국을 향한 장기적인 비전을 갖추고, 과감하게 추진하는 일이었다. 항공우주기술, 원자력기술, 초고속전철 등 세 가지가 불란서가 추구할 대과제들이었고, 전쟁 후 국민의 고통이 심각했지만 빈약한 국가재원을 모두 그들 분야에 쏟아부었다. 지금 불란서가 세계 최고로 내세우고 있는 콩코드기(機), 위성제조 및 발사, 원자력 발전소, 테제베(TGV) 고속전철 등이 모두 드골의 기술혁명을 향한 장기비전의 결과이다.

다시 경제 난국을 맞고 있는 우리는 이제 범국가적으로 근본적인 기술혁신을 시도할 때이다. 다행히 정부 발표에 따르면 내년도 국가예산은 약 101조 원으로 작년에 비해 9.0% 증가했으나 과학기술부의 연구개발비는 17.8% 증가하였다. 특히 주요 국가기술 개발을 목표로 한 특정연구개발사업에 22.1% 그리고 기초과학연구지원에 18.1%의 증가를 보인 것은 매우 고무적인 사실이다. 총체적으로 정부예산 중 연구개발에 투자하는 비율이 4.3%에 달하여 머지않아 국가 목표로 삼고 있는 5%까지 올라갈 예정이다.

그러나 그것보다 더 중요한 일은 범국가적 '기술혁신운동'을 향한 대통령의 결단이다. 드골과 같은 비전과 결단이 너무나 절실한 상황이다. 핀란드가 국가파탄을 헤쳐나간 기술입국의 지혜를 본받아야 할 상황이다. 정말 근본을 뜯어고치지 않고는 국민의 시름이 가실 날이 없을 것이라는 생각이다.

과학기술의 대중화 방안

포스트모더니즘

'포스트모더니즘(postmodernism)', 내가 그런 제목의 글을 접한 것은 지난 여름이었다. 미국과학진흥협회(AAAS)의 주간학술지 《Science》의 1993년 7월 9일자 판은 그런 제목의 사설(Editorial)을 싣고 있었다. 사실 포스트모더니즘이라는 용어가 외국의 것에 민감하기로 유명한 우리 사회에서 문화예술 분야를 중심으로 통용되기 시작한 것은 꽤 오래 되었다. 어쨌든 그 용어는 20세기를 대비한 새로운 방향의 모색을 뜻하는 것으로 통용되었다.

《Science》의 발행인이 쓴 그 사설은 포스트모더니즘이 한마디로 반과학(antiscience) 운동을 뜻하는 것임을 지적하였다.

20세기 문명이 과학기술 시대로 특징지어진다면, 포스트모더니즘은 그런 시대에 대한 비판 내지 반동에서 출발하고 있었다. 반동의 배후에는 과학기술이 인류사회에 가져다 준 긍정적 문명의 혜택 못지 않게 부정적 결과가 컸다는 논리가 깔려 있었다. 다른 한편으로 과학기술이 인류의 제반 문제들을 해결할 수 있다는 희망과 꿈을 능력 이상으로 너무 많이 약속해준 데서 비롯되기도 하였다. 그런 약속이 지켜지지 못하면 필연적으로 실망과 비판이 따라오게 마련이다.

포스트모더니즘의 반과학운동은 거꾸로 우리에게 과학대중화운동의 필요성을 더욱 강조하는 것 같기도 하다. 왜냐하면 그런 반동적 움직임은 과학기술의 시대를 살아가는 20세기 시민이 과학기술에 대한 올바른 이해를 하지 못하고 있는 데서 나온다고 보아지기 때문이다. 그런 의미에서 과학기술에 대한 일반 대중의 이해를 목표로 하는 과학대중화는 사실 한국의 문제이기에 앞서서 인류의 문제이기도 하다.

일반적으로 과학대중화의 필요성은 네 가지로 요약되어지고 있다.

첫째, 과학기술이 20세기 문화의 가장 위대한 업적인 이상, 일반 대중들은 그것에 대하여 알아두어야 할 만한 가치가 있다. 둘째, 과학기술이 모든 사람의 현대생활에 영향을 끼치고 있는 한, 그것을 알아두어야 할 필요성이 있다. 셋째, 많은 공공정책들에 관한 결정들이 과학기술과 관련되어 있고, 그런 결정들이 공개토론을 통하여 순수하게 민주적으로 이루어지기 위해서는 일반 대중이 관련 과학기술에 대한 최소한의 지식을 갖추어야 한다. 넷째, 과학기술에 대한 일반 대중의 이해 없이는 과학기술 자체에 대한 대중적 지지를 획득하기 어렵기 때문에서도 과학대중화는 필요하다.

이 네 가지의 논리에서 우리는 과학대중화가 21세기의 중대한 과제가 될 것임을 쉽게 엿볼 수 있다.

읽는 문화의 위기

우리나라도 이제 새로운 매체시대를 맞이할 상황에 처해 있다. 내년이면 전국에 허가될 100개 이상의 유선방송국들이 본격적인 운영에 들어갈 예정이다. 그러면 일반 가정에서 지금 보고 있는 공중파 방송들인 KBS, MBC, SBS 등을 포함하여 약 20개 이상의 방송채널들을 즐길 수 있을 것이다. 소위 방송매체의 혁명을 통하여 본격적인 뉴미디어 시대에 들어가게 된다.

아는 사람은 대개 알고 있지만, 지금 우리나라에서 발행되는 일간신문 또한 100개를 상회하고 있다. 1社1道이던 시절이 어제 같은데 벌써 그렇게 많은 신문들이 쏟아져 나오고 있다. 물론 그 중에서 적자를 면하고 있는 신문기업은 불과 2~3개에 불과하다는 것도 다 알려진 사실이다. 어쨌든 억압적인 권위주의 시대를 마감하면서 인쇄매체도 홍수처럼 쏟아져 나오고 있다.

이제 본격적으로 소위 매체간의 경쟁시대가 우리나라에도 도래하고 있다. 과거에는 신문사끼리, 잡지사끼리 또는 방송사끼리 경쟁하였지만, 이제는 인쇄매체와 방송매체간의 경쟁시대에 돌입한 것이다. 즉, A신문사의 독자가 B신문사의 독자로 바뀌는 것이 아니라, 아예 신문의 독자가 신문을 끊고서 방송에만 매달리는 현상이 늘어가고 있다. 이처럼 서로 다른 매체 사이의 경쟁이 치열해지고 있다는 데 문제의 심각성이 있다.

방송문화는 근본적으로 보고 듣는 문화이다. 보고 듣는 것은 필연적으로 놀이문화와 직결되어 있다. 왜냐하면 보고 듣는 것은 인간의 감각기능 중에서도 에너지를 거의 필요로 하지 않는 부문이기 때문이다. 그래서 공부를 하면서, 책을 읽으면서 라디오나 텔레비전을 동시에 즐기는 것이 가능하다. 또한 시각은 근본적으로 현란함을 쫓아가게 되어있기 때문에 시각문화는 원천적으로 놀이문화 편에 있다. 따라서 방송매체는 놀이문화를 조성시키는 데 가장 적절하다. 그러므로 방송의 범람은 곧 놀이사회의 범람을 가리키는 것이다.

　반면에 신문은 읽는 문화와 직결되어 있다. 읽기가 요구하는 피로를 우리는 자주 경험한다. 그런 피로의 발생 이유는 에너지의 소모 때문이다. 그러나 단순한 육체노동과 다른 점은 행위의 노동이 정신적 사고행위를 수반한다는 점에 있다. 다시 말해서 읽는 행위와 생각의 진작은 직결되어 있다. 그러므로 읽는 문화의 육성은 곧 생각하는 사회의 건설을 의미한다. 그런 의미에서 신문을 비롯한 인쇄매체의 육성은 생각하는 사회를 키우는데 필수적인 요소이다.

　이런 매체간의 특성 때문에 에너지를 덜 필요로 하는 방송매체가 골치 아픈 사고를 요구하는 신문매체보다 현대인의 기호를 더 충족시킬 것임은 너무나 명확하다.

　예컨대, 미국의 사례에서 제2차 세계대전 후 가장 많이 신문이 읽히던 1946년에는 100가구당 133부의 신문이 팔렸었고, 이것은 성인 100명당 50부에 해당되었다. 그러나 1987년에는 100가구당 70부, 성인 100명당 35부에 해당하는 숫자로 떨어졌다. 그리고 1988년의 한 여론조사에 의하면 미국 성인의 51%만이 일간지를 읽고 있는 것으로 나타났다. 즉 매체간의 경쟁에서 방송이 신문을 완벽하게 패배시키고 있는 것이 미국이다. 이런 선진국의 양태가 우리에게도 곧 적용되리라는 것이 필자의 견해이다. 아울러 이런 인쇄매체의 몰락은 궁극적으로 생각하는 사회의 실종을 불러오고, 나아가 인류문명의 위기를 초래할 수 있다.

　유선방송이 본격화되면 이런 매체간의 경쟁이 우리에게도 현실로 나타날 것이다. 그럼에도 불구하고 신문업계의 자구적인 노력은 거의 보이지 않고 있다. 예를 들어, 신문사간의 서로 잡아먹기 경쟁은 치열하지만, 신문사 사주들의 단체인 신문협회가 공동으로 이런 위기를 타개하기 위한 노력은 거의 기울이지 않고 있다. 이런 현상은 잡지를 비롯한

다른 인쇄매체 산업의 현상유지 내지 부흥을 위한 노력을 기울이고 그것이 궁극적으로 나라와 인류의 도움이 된다는 사실을 명심하게끔 하고 있다. 언제까지 우리는 인쇄매체의 자중지란 내지 감각적인 방송문화만 부채질하는데 국력을 소모해야 할 것인지 생각해 볼 일이다.

과학대중화와 읽는 문화

과학은 본질적으로 생각하는 문화와 매우 가깝다. 과학하는 마음은 곧 생각하는 마음이고, 과학기술의 업적은 생각하는 사회의 바탕이 없이는 꽃피워질 수가 없다.

따라서 과학대중화운동이 과학기술의 창조적 정신과 역기능적 폐해를 넘어서 인류복지를 꽃피우는 것에 있다면, 그것은 생각하는 사회를 조성하는 운동이나 다름없다. 바로 이런 이유 때문에 과학기술을 전파하는 인쇄매체의 중요성을 아무리 강조해도 지나치지 않는다.

이제 과학대중화를 촉진하는데 인쇄매체를 육성시키는 것이 무엇보다 시급한 것임이 자명해졌다. 아무리 영상매체가 과학대중화를 촉진하는데 효율적이라 하지만, 그것은 흥미유발 단계에서 긴요할 뿐이다.

사실 어려운 과학기술의 지식을 전달하는데 입체적으로 보여주는 영상이 퍽 효과적인 것은 사실이다. 그러나 영상은 본질적으로 감각에 호소하기 때문에 자칫하면 과학기술을 일종의 오락 내지 마술로 전락시킬 수도 있다.

그렇다면 진정한 의미에서 과학 하는 마음을 기르는 것은 일반 대중으로 하여금 과학기술 관련 인쇄매체에 쉽게 그리고 많이 접근시키는데 있다. 그래야만 생각하는 노동을 통하여 과학기술의 발전을 도모할 수 있다. 그런 의미에서 과학기술출판협회의 태동 자체가 이미 과학대중화의 실천을 가리킨다고 볼 수 있다. 단, 우리가 주목해야 할 일은 앞에서 본 우리나라 신문업계의 자기살 깎아먹기에만 매달려 있는 것에서 벗어나 다른 이종(異種) 매체와의 경쟁에서 이길 수 있는 방안들에 대한 공동노력을 기울여야 한다는 점이다. 이것은 협회의 단결을 요구하고, 공동의 활동 및 연구를 통하여 방송 내지 영상매체와 경쟁하여 이길 수 있는 읽는 문화를 가꾸는데 총력을 기울여야 함을 가리킨다.

아울러 과학대중화가 현대 민주주의 운영 및 인류문명의 발전에 필수적인 것이라면, 이제 국가가 나서서 운동을 전개해야 할 단계에 와 있다. 그런 국가적 사업의 관점에서 볼 때, 가장 손쉬운 것 중의 하나가 과학기술 관련 인쇄매체 산업을 지원하는 길이라고 여겨진다.

특히 과학기술 출판물은 대중적 말초신경에 호소하는 것이 아니기 때문에 그 자체의 산업 성장이 더딜 수밖에 없다. 그렇다면 정부가 나서서 특별한 지원책을 마련하는 것이야말로 단순히 과학기술 출판업계에 대한 사적 후원이 아니라 전체 국민의 과학하는 마음을 기르기 위한 공적 사업이라고 볼 수 있다. 이런 점 때문에 국가적 지원노력이 곧 과학대중화의 실천을 위한 하나의 지름길이라 하겠다.

[《과학기술출판》 1997년 가을호 통권 1호]

책의 해와 과학 저술

책에는 악서가 없다

조금은 과장된 듯한 이런 말을 수년 전 어떤 출판인으로부터 들은 적이 있다. 사실 그 말을 처음 들었을 때, 그것을 말한 사람의 출판사업에 대한 긍지가 스며있는 것 같아서 퍽 기분이 괜찮았다. 특히 그것을 말한 사람이 과학기술 관련서적만을 전문적으로 내는 사람이었으므로 더욱 좋은 느낌을 가지게 되었다.

말이야 바른 말이지, 과학기술 관련서적이 아닌 경우, 너무나 많은 악서가 우리 주위에 존재하는 것을 쉽게 발견할 수 있지 않은가.

그런 출판사업에 대한 긍지를 보여주는 것에 흐뭇하면서도, 한편으로 아쉬운 점이 되살아나는 것도 사실이었다. 아무리 과학기술 분야라는 주제의 특성상 일반적인 악서의 출판이 드물다 하더라도 역시 그곳에서도 악서가 자리잡을 확률은 얼마든지 있기 때문이다. 그래서 곱씹어본 필자의 반응은 그런 출판인의 생각이 이제 매우 위험한 발상일 수 있다는 것이었다.

　15세기에 구텐베르크보다 약 30년이나 앞서서 우리나라가 세계 최초의 금속활자를 발명한 것을 자랑으로 여기고 있는 사실을 누구나 역사 속에서 배웠다. 그러나 발명한 사실을 빼놓고는 어떤 다른 내용도 거의 배운 적이 없는 것으로 기억된다.

　다시 말해서 최초의 금속활자를 발명했다는 사실만 존재하지 서구에서처럼 당시 다량의 도서를 출판하는 출판문화가 발달했다는 이야기를 들어본 적이 없다. 바로 이 점에서 사회적 조건의 중요성이 무엇보다 앞서서 제기되지 않을 수 없다.

　출판문화가 태동되는 데는 여러 가지 조건들이 필요했다. 출판 그 자체는 이미 정보의 공간적 한계를 확장시키는 작업이었다. 다시 말해서 어떤 정보가 특정 집단이나 지역의 범위를 넘어서 전달될 가능성이 존재할 때 비로소 출판이 가능하게 되는 것이다. 따라서 옛날 왕족 내지 귀족만이 글을 읽을 수 있었던 시절에는 다량의 도서출판이 필요 없기 때문에 출판산업이 나타날 리가 없었다. 엄밀한 의미에서 통치권이 국가의 구석구석까지 미치게 된 것도 출판을 통한 정보의 전달범위가 확장되어간 근대 이후부터라고 해도 과언이 아니다. 그런 의미에서 민주주의 태동은 출판산업의 태동과 상당한 비례관계를 갖고 있다는 것이 커뮤니케이션 역사가들의 분석이다.

　아주 옛날은 고사하고 우리의 가까운 지난 날조차도 출판문화가 번성할 사회적 여건이 거의 안되었다. 지금부터 약 20~30년 전만 하더라도 책 한 권을 출판하는 일은 출판인의 사명감이 필요했었다. 예컨대, 1962년의 연간 일인당 평균 국민소득은 87달러에 불과했던 시절이니 지금의 7천 달러에 비해서 우리의 경제사정이 얼마나 열악했던가를 금방 깨달을 수 있다. 뿐만 아니라 당시 국민의 교육수준은 지금의 중학교 수준에 비해 초등학교 1~2학년 수준밖에 안되었다. 문맹률이 상당히 높았을 뿐만 아니라 유달리 한자를 많이 사용해 온 우리나라의 일간신문을 읽을 수 있는 계층도 매우 제한적이었다. 이런 상황에서 한 권의 책을 출판하는 일은 상당한 모험이 아닐 수 없었다.

과학기술 관련도서는 학교 교육의 교재로 사용하는 것 외에는 거의 존재하지 않던 시절에 익명의 일반 대중을 향해서 도서를 출판하는 일은 거의 도박에 가까웠다. 교과서의 경우에도 거의 도박에 가까웠다. 교과서의 경우에도 워낙 교육받는 학생수가 적었고, 그 적은 수마저 좋지 않은 경제사정으로 그것을 구매할 여유가 거의 없었다. 한마디로 과학기술 도서의 소비자 집단이 전혀 형성되어 있지 않았었다. 그런 시대에 출판업을 하는 일은 생계유지에도 퍽 힘든 사업이기 때문에 책의 내용은 제쳐두고, 그저 책을 낸다는 사실 하나만으로도 존경받기에 충분하였다. 따라서 양서니 악서니 하는 구분 자체가 존재하지 않았다. 한마디로 책에는 악서가 있을 수 없었다.

量書와 良書

출판산업의 토대가 되는 소비자 집단이 형성되기 위해서는 몇 가지의 전제 조건이 필요하다. 첫째로 이미 앞에서 함축된 것처럼 교육 수준의 향상에 따른 독서인구의 증가가 필수적으로 전제되어야 한다. 문맹률이 제로상태에 근접하여야 한다. 이것은 곧 소비자 집단 형성의 잠재력이 갖추어진 상태를 가리킨다.

사실 아무리 국민들의 교육 수준이 높더라도 그 나라에 언론 및 출판의 자유가 없는 상태에서는 출판산업이 번성할 수가 없다. 국민들의 사상을 자유롭게 표현할 수 있는 표현의 자유가 보장되는 사회에서만 출판할 토대가 갖추어지는 것이다.

가장 쉬운 예로 지금 이란의 경우를 들 수 있겠다. 왕권을 무너뜨린 회교도 혁명을 겪는 1980년대 전까지만 해도 미국에 유학중인 외국인 학생 중 이란 학생들이 제일 많았다. 그들 대부분은 석유판매로 벌어들인 돈으로 정부에서 보낸 국비유학생들이었고, 비단 미국뿐만 아니라 모든 선진국에 흩어져 있는 정도가 국내의 대학생 수보다 더 많았다.

그 결과 이라크와의 10년 전쟁을 겪어낸 오늘날까지도 이란 국민들의 교육 수준은 어느 나라보다도 높은 상태에 있다. 그러나 잘 알다시피 회교도 교리를 모욕한 영국의 작가에게 살인명령을 내리는 것처럼, 엄격한 회교율법에 따라 나라가 통치되기 때문에 일반적인 표현의 자유가 있다고 말할 수가 없다. 그러므로 자연히 높은 교육 수준에도 불구하고 출판산업이 번영할 수가 없다.

우리나라에서도 1970년대까지만 하더라도 표현의 자유에 대한 엄격한 통제로 자유로운 출판이 자리잡을 여지가 거의 없었다. 그러나 1980년대부터 그런 억압된 분위기에 구멍이 뚫리기 시작하면서, 사회과학 분야를 중심으로 한 다양한 사상을 표출시키는 출판 분위기가 형성되기 시작하였다. 6·29 선언 후 6공화국에 들어서면서 대폭적으로 허용된 출판의 자유는 오늘날의 출판산업을 활성화시키는 결정적 계기가 되었다.

사상 표현의 자유를 비롯한 언론, 출판의 자유말고도 출판산업의 기초가 되는 세 번째 여건은 종이산업의 발달이다. 다시 말해서, 종이자원이 풍부하지 못한 상태에서는 아무리 도서출판을 하려 해도 불가능한 것이다. 지금 우리나라에서 일반 일간신문마저도 매일 32쪽이나 되는 막대한 양을 발간하고 있는 상태이므로 종이자원이 얼마나 풍부해졌는가를 금방 알 수 있다.

5·16이 일어나서 1년이 지난 1962년에 언론정비령이 발표되었는데, 그때의 주요 목적에는 사이비 언론들을 정비하는 것 외에 종이수입으로

초래되는 막대한 외화소비를 절약하자는 의미도 포함되어 있었다. 따라서 조석간을 모두 발행하던 당시의 신문들을 조간 내지 석간 중 하나만 선택하게끔 하였고, 신문발행 면수도 정부의 허가사항에 묶어두었다. 이렇듯 비교적 싼값의 종이에 해당되는 신문지에 대한 통제가 이 정도였으니 다른 종이들에 대한 품귀현상은 말할 나위가 없었다고 하겠다. 최근에 와서 경제적 성장과 더불어 종이자원이 풍부하게 되면서 신문을 비롯한 모든 출판산업이 자원의 불편함을 말끔히 해소하게 되었다.

네 번째로 출판산업에 필요한 기초적 여건은 인쇄기의 보급이다. 이것은 출판산업이 기술의 발달과 밀접한 관계에 있다는 것을 가리키는 것이다. 1980년대 우리나라의 민주화운동에 결정적으로 기여한 것 중의 하나는 복사기의 보급이라는 연구가 있기도 한다. 즉, 일종의 인쇄기인 복사기가 당시에 이미 많이 보급되어 있었기 때문에 그것을 통하여 메시지를 다량으로 확산시킬 수 있는 체제가 마련되어 있었다. 그리고 복사기를 통한 메시지 전파는 정부당국의 검열을 쉽게 빠져나갈 수 있었고, 그것이 곧 민주화운동의 이념전달을 용이하게 했으며, 나아가 전국적인 동참조직을 형성시킬 수 있었다고 한다. 이렇듯 인쇄기의 보급은 출판의 보급 및 확산에 기여하는 기술적 요인에 틀림없다.

마지막으로 자본주의 시장의 형성이 출판산업의 활성화를 위한 기초 여건이다. 자본주의 시장은 수요와 공급에 의해서 가격이 형성되고, 그것에 의해서 거래가 활발하게 일어나는 것을 의미한다. 그러기 위해서는 다수의 공급자와 대량의 수요자가 존재하는 소위 시장 및 유통구조가 형성되어 있어야 한다. 사회사적 관점에서 도시(metropolis) 형태가 나타난 것이 바로 그런 자본주의적 시장 형성의 필요성에 의해서였다. 즉, 상품거래가 활발해지기 위한 집단적 교환시장이 긴요했던 것이다. 우리의 출판산업도 공급자에 해당되는 출판업자, 유통을 매개하는 서점

망 및 수요자에 해당되는 일반 독자층이 각각 다량의 형태로 존재할 때 진실한 의미의 자본주의 시장을 형성할 수 있는 것이다. 1980년대부터 비교적 활발한 출판산업이 가능했던 것도 그런 자본주의적 시장이 제대로 자리잡히기 시작했기 때문이라 하겠다.

지금까지 출판산업의 기틀이 되는 다섯 가지 조건들을 살펴보았다. 그들에게 보는 것처럼 이제 우리나라도 상당한 정도로 그런 조건들을 충족시킨 것을 알 수 있다. 그리고 1980년대 중반부터 대량으로 쏟아져 나오기 시작한 도서출판의 현황에서도 그런 추세를 쉽게 읽을 수 있다.

일단 출판산업의 활성화가 기본적으로 필요한 첫 단계이지만, 그것이 量書에 그칠 가능성이 있음에 경계해야 한다. 다시 말해서 내용의 질(quality)에는 관계없이 양(quantity)에만 치우쳐서 출판되는 경우가 많을 때, 오히려 악서의 생산에 조력할 가능성이 커진다. 하긴 과거에는 도서 자체가 너무나 부족했기 때문에 어떤 책의 출판도 그 사회에서 중요한 몫을 할 수 있었고, 그러므로 일단 양만 채운, 그래서 양적으로 많은 수의 도서가 생산되어 나오는 그런 量書의 보급과정이 과도기에 필요했던 것도 사실이다. 그러나 그 초기의 과도기 단계가 지나면 본격적으로 국민문화에 유익한 질적으로 좋은 양서의 단계가 와야 한다.

금년의 '책의 해'는 이제 우리나라에서도 量書의 시대에서 良書의 시대로 옮아가기 위한 사회운동을 출발시키는 데 그 진정한 의미가 두어져야 한다고 여겨진다.

과학 저술의 과제

양에만 치우친 시대의 과학기술 관련 출판이 빠지기 쉬운 함정은 우선 급한 대로 미국 내지 일본과 같은 선진국에서 나오는 것들을 그대로 베끼는 작업이었다. 그런 가운데서도 우리말 번역이 제대로 이루어지면

천만다행이지만 대부분 그렇지 못했다. 그럼에도 불구하고 이런 작업 자체가 우리의 과학기술 수준을 높이는데 크게 기여한 것을 아무리 높게 평가해도 지나치지 않다.

그러나 이제 국제저작권협회에 가입되어 있는 우리나라의 현실에서 외국의 것을 무단 복제하는 것도 어렵게 되었다. 일례로 4, 5년 전에까지 우리나라에서 발행되던 《사이언스》라는 과학잡지가 있었다. 비록 외국의 것을 무단 복제한 내용이 주류를 차지하고 있었지만, 당시 과학잡지가 전무하던 시절에 청소년들의 과학문화 향상에 크게 기여하고 있었다. 그리고 그것의 발행인도 비록 금전적 이익은 남기지 못했지만 과학문화형성에 대한 헌신적 자세를 견지하려고 노력하였다. 그러나 국제저작권협회에 우리나라가 가입되자마자 그 잡지는 더 이상 버텨낼 수가 없었고, 마침내 폐간되기에 이르렀다. 이런 불행을 막기 위해서는 정당하게 저작권료를 지불하고서 올바른 번역잡지로 출간하든지 아니면 우리의 독자적인 저술 및 출판을 통하지 않으면 안 된다. 바로 이런 점이 과학기술 관련 출판을 구속하는 사회경제적인 조건에 해당된다고 하겠다.

한편 과학저술이 갖고 있는 자체적인 어려움들이 존재한다. 그것은 다름 아니라 과학기술 그 자체의 특성에서 기인되는 것들이다. 예컨대, 과학기술은 이론적인 개념들을 많이 사용한다는 점이다. 기본적으로 과학은 현상을 이해하기 위하여 그것의 기반이 되는 이론을 탐구하는 것이고, 기술은 그 이론을 활용하여 현상에 대한 인간의 통제력을 높이기 위한 방안을 추출하는 것이다. 그러므로 아무래도 현상의 記述을 위해서 사용되는 일반적인 용어보다는 훨씬 더 추상성이 높은 이론적 개념들을 많이 사용할 수밖에 없다.

이론은 기본적으로 개념들간의 관계에 대한 진술들이다. 그리고 이론적 개념들은 많은 경우 일반인들이 감각적으로 지각하기 힘든 것을 가리킬 가능성이 매우 높다. 왜냐하면 그 개념들은 현상의 겉모양보다 주로 현상의 속성(attributes)을 가리키기 때문이다. 따라서 분야별로 연구 대상이 되는 현상들을 탐구하는 과정에서 특정현상의 특성을 가리키는 전문용어(jargon)가 발생하게 마련이다. 이런 전문용어는 지속적인 학문분야의 전통을 만들어내고 아울러 그것에 바탕을 둔 새로운 전문용어들이 꼬리를 물고 나타나, 종국에 가서는 그런 전문용어들 사이에 독자적인 하나의 체계를 형성하게 된다. 이렇게 해서 전문분야 및 전문분야의 이론들로 경계되어지는 일종의 계통이 수립되는 것이다.

과학저술은 그런 전문분야 및 그 이론들을 풀어헤치는 작업이다. 특히 일반 대중을 대상으로 한 과학저술은 이론에서 현상으로 되돌이키려는 작업이다. 즉, 과학자들의 주된 임무가 현상에서 이론으로 추상화시키는 작업인 것과는 반대로 일반 대중을 상대로 하는 과학저술은 이론에서 현상으로 되돌아가는 일이다. 한마디로 과학저술은 추상성이 높은 이론을 구체적인 현상의 차원으로 전환시키는 일이다.

과학저술 작업이 매우 어려운 이유가 그런 구체화로의 과정이 순탄치 않기 때문이다. 일반 대중은 손에 잡을 수 있을 것 같은 감각적인 현상의 세계가 아니면 무슨 내용인지 이해할 수도 없으며, 그리고 이해하려고도 하지 않는다. 그런 의미에서 과학기술 관련 양서의 저술 및 출판은 다른 어떤 것보다 더 어렵다고 하겠다.

'책의 해' : 과학자가 나설 때이다

앞에서 본 것처럼 이제 우리나라도 출판산업의 활성화를 위한 사회적 기초 여건들은 마련되어 있다. 교육 수준이 높아짐에 따른 독서인구의 잠재력도 커졌고, 출판의 자유는 확보되었으며, 종이산업과 인쇄기의 보급도 상당한 수준에 도달하였고, 그리고 자본주의적 시장구조도 형성되었다. 그러나 이런 여건 조성과 함께 형식적인 양에만 치우친 量書가 범람했던 것이 최근의 우리 출판 역사이다.

과학기술 자체가 갖고 있는 특성들을 고려할 때, 과학저술이 얼마나 어려운 일인지 그리고 일반 대중을 위해서는 어떻게 해야되는지를 위에서 쉽게 파악할 수 있었다. 한마디로 과학활동이 현상에서 이론으로 추상화하는 과정이라면 과학저술은 이론에서 현상으로 되돌이키는 과정인 것이 밝혀졌다. 그런데 이 특수한 과정에 개재되어 있는 이론 및 그것의 근간이 되는 개념들을 풀어헤치는 작업은 보통 이상의 노력을 필요로 할 수밖에 없다.

이제, 과학자가 나설 때이다. 과학활동에 종사한, 그래서 현상에서 이론으로 올라가 본 경험을 가진 사람이 이론에서 현상으로 내려오는 데도 보다 쉬울 것임을 짐작할 수 있다. 특히 과학기술계의 원로들이 그런 과학저술의 작업에 뛰어드는 것이 가장 效과적이라고 여겨진다. 창조력이 가장 왕성한 젊은 시절에는 이론적인 과학활동에 매진하고, 많은 연구, 교육 내지 실무의 경험을 쌓은 나이에 이르러서는 일반 대중을 대상으로 한 과학저술 활동에 매달린다면, 그들 원로들이 가장 바람직한 과학도서들을 탄생시킬 수 있을 것이다. 그렇게 되면 오늘날 과학저술에 문제시되는 부정확한 내용도 줄어들고 진정한 의미의 良書 문화가 자리잡을 수 있을 것이다.

금년의 '책의 해'는 그런 과학저술의 양서활성화를 위한 진로를 모색할 시기임을 알리는 데서 의의를 찾아야 할 것이다. 그러기 위해서 새롭게 과학저술인들을 양성하는 작업을 생각해 볼 수 있겠다. 그러나 그것은 시간이 많이 걸리는 작업이고, 당장 우리 주위에는 많은 과학기술계의 원로들을 활용한다면 매우 유익할 것으로 판단되어진다. 그러기 위해서는 그들이 과학저술에 매달릴 수 있는 재정적 보조장치를 마련할 필요가 있다. 예컨대, 과학재단과 같은 공익기관에서 일반 대중을 상대로 한 과학저술도 똑같은 연구과제로 취급하여 장려한다면 상당한 효과를 거둘 수 있을 것이다. 이런 문제에 대한 해결을 위해서도 이제 과학자가 나설 때인 것이다.

그 동안 연구실에 안주하면서 우리나라에서 과학저술이 풍부하지 않다고 그리고 그나마 존재하는 과학저술도 엉터리 量書에 불과하다고 비판만 하던 자세에서 과감히 벗어날 때이다. 현상과 이론 사이를 오고간 본 사람이 훌륭한 과학기술의 양서를 생산할 수 있을 것임은 너무나 명백하다. 과학자가 전면에 나서고, 그런 나섬을 주선하는 국가정책이 존재할 때, 과학저술은 저절로 만개될 것이다.

한국 과학커뮤니케이션의 이해

2005년 3월 10일 1판 1쇄
2017년 3월 10일 1판 2쇄

저　자 : 김학수
펴낸이 : 이정일

펴낸곳 : 도서출판 **일진사**
www.iljinsa.com

(우)04317 서울시 용산구 효창원로 64길 6
대표전화 : 704-1616, 팩스 : 715-3536
등록번호 : 제1979-000009호(1979.4.2)

값 **12,000원**

ISBN : 978-89-429-0850-9

* 이 책에 실린 글이나 사진은 문서에 의한 출판사의
　동의 없이 무단 전재 · 복제를 금합니다.